Y CRISTO me Libertó

Orellano Pérez Buitrago

*Experiencias de un ministro precursor
de los Testigos de Jehová*

EDITORIAL
UNILIT

Publicado por
Editorial **UNILIT**
Miami, Fl. U.S.A.

Primera edición 1992

Cubierta diseñada por: David Bonilla
Fotografía por: David Ecklebarger

Producto 497708
ISBN -1-56063-214-3
Impreso en Colombia

Printed in Colombia

CONTENIDO

Introducción

La palabra libertad es en sí preciosa. Es un deseo natural el querer llegar a ser libres de muchas cosas desagradables que nos atan en la vida. Sin embargo, vemos que no nos podemos librar de muchas cosas que nos afectan, sencillamente porque son producto del pecado que hemos heredado de nuestros primeros padres. En consecuencia, no podemos actualmente librarnos de ciertos pensamientos incorrectos, o de ciertas acciones inapropiadas. Vemos que no podemos dominar siempre nuestra lengua como quisiéramos que por lo tanto será imposible evitar herir a otros al menos innecesariamente. A parte de esto muchos luchan con algún tipo de enfermedad; en realidad ninguno de nosotros, los humanos, tiene salud perfecta. Además, la muerte acecha por doquier.

Sin embargo, nuestro Señor Jesucristo habló de una libertad muy especial de la cual uno puede asirse y aferrarse. Es una clase de libertad de la que podemos disfrutar, cualquiera de nosotros, actualmente. Es la libertad que viene como consecuencia de, por la fe verdadera, llegar a ser parte de la familia de Dios. Sí, llegar a ser verdaderamente un hijo de Dios. El apóstol Juan lo expresó de esta manera: "A los que creen en su nombre (el de Jesucristo), les dio derecho de ser hechos hijos de Dios, los cuales nacieron no de sangre, ni de la voluntad de la carne, ni de la voluntad de varón, sino de Dios". (Juan 1:12-13). Fue sin duda teniendo en mente esto que él dijo: "Conoceréis la verdad, y la verdad os hará libres" (Juan 8:32).

En el contexto de las palabras que acabamos de citar, Jesucristo mismo mencionó dos cosas indispensables al objeto de que esa libertad fuera realidad: 1) Ser sus discípulos, 2) permanecer en su palabra. ¿Hay algo que se pueda hacer que sea más valioso que permanecer en las palabras del Hijo de Dios, el Verbo? Por otro lado, ¿es posible llegar a ser algo que sea más importante que ser discípulo de Jesús? ¿Podríamos tener más aprecio a llegar a ser cualquier otra cosa? Sin temor a equivocarnos podemos decir que llegar a valorar más otra situación, "privilegio" o circunstancia sería, indiscutiblemente, ir en contra de la verdadera libertad. Sería permanecer "bajo el yugo de la esclavitud". (Ver Gálatas 5:1)

Al mencionar estas cosas no solamente estoy teniendo en cuenta lo que la Biblia dice en cuanto a ello, sino también el hecho de que yo me hallé verdaderamente bajo cierto "yugo de esclavitud" por muchos años. Es más, estoy pensando en la cantidad de personas que aún no conocen, que aún no han experimentado que "Cristo nos hizo libres". No es, pues, el objeto de esta publicación ajen a la idea de tratar de ayudar a personas sensibles a los valores de la verdad y de la libertad que Cristo nos trajo.

La experiencia que yo tuve por muchos años con los "Testigos de Jehová" me hace pensar no sólo en aquellos que permanecen en dicha organización, sino también en otras personas que se puedan encontrar en situaciones similares, perteneciendo a organizaciones egocéntricas, que en consecuencia, desvían la atención del verdadero Libertador.

Cuando una organización —sea cual fuere— no permanece en las enseñanzas de Cristo de una manera sustancial; cuando en consecuencia atrae a individuos a sus enseñanzas y métodos como si estas enseñanzas y estos métodos tuvieran el mismo valor que aquellos incluídos por inspiración en la Palabra de Dios; cuando a pesar de reconocer que no tienen inspiración del Todopoderoso, siguen dando más y más énfasis a ellos como organización, entonces, parece que aplican con fuerza las palabras que el apóstol Pablo dirigió a los gálatas al decir: "¡Habéis quedado desligados de Cristo y de la gracia habéis caído!" (ver Gálatas 5:4). ¿Se podría ayudar a individuos en esa triste situación?

Yo particularmente, no tengo el propósito de juzgar la condición ante Dios de ningún individuo. Para eso hay un maravilloso juez perfectamente establecido. Tampoco es mi deseo usar deliberadamente ironías y sarcasmos. Mi simple y sencillo deseo es ayudar de algún modo a alguien. ¿Cómo? Al evidenciar que la salvación personal está en Cristo Jesús mediante la fe en su nombre; al señalar que la fe auténtica está siempre correspondida por un gran sello que es el amor; y, que cada cual tendrá que rendir cuenta de sus actos, de lo que él realmente es como persona, ante Dios. No valdrá entonces tratar de escudarse en algún tipo de organización. La situación será: uno mismo con sus sentimientos recónditos y sus obras ante el juez supremo. Esa será la hora de la verdad. ¿Valdrá la pena pedir ayuda en oración y ocuparse de este asunto vital *ahora*?

No se encontrará estilo literario en estos escritos. Pero al describir lo que fue mi experiencia particular bajo la dirección de la Sociedad *Watchtower*, de todas formas, esto es lo que pretendo remarcar: Hay peligro en concentrarse en hombres cuando se trata de la búsqueda de la verdadera libertad. Cuando la Palabra de Dios se lee y asimila bajo interpretación impuesta por hombres, entonces, en esos casos particulares, la Palabra de Dios ha dejado de ser, lo que verdaderamente es: PALABRA DE DIOS.

Si las líneas que seguirán pueden ayudar a alguien en angustia y aflicción a encontrar la verdadera libertad, a encontrar verdadero significado y propósito en su vida, entonces, esta pequeña obra habrá valido la pena.

El autor.

Capítulo Uno

Servicio bajo la dirección de la Sociedad Watchtower

El apóstol Pablo por fin salió de un sistema con muchas enseñanzas erróneas y tradiciones de hombres. Mientras anduvo en aquel sistema actuó en ignorancia. Finalmente, con ayuda de lo alto, pudo abandonar aquel arreglo al que perteneció más tiempo del que él hubiera querido. Posteriormente él reconoció que se había destacado en el judaísmo sobre muchos de sus contemporáneos, puesto que era muy celoso de las tradiciones de sus padres.[1] Sin embargo, ahora las cosas habían cambiado para él. Antes él había estado tratando de agradar a hombres. No obstante, ahora que había sido libertado por Cristo pudo decir: "Si yo todavía tratara de agradar a los hombres, no sería siervo de Cristo".[2] Mientras él trató de agradar a los hombres, los suyos le favorecían, estimulaban y encomiaban. No obstante, cuando optó por servir y agradar plenamente a Cristo fue calumniado, perseguido y maltratado.

La experiencia del apóstol Pablo llegó ser la de otros contemporáneos suyos también. De hecho, situaciones similares se han repetido a través de los siglos y se siguen repitiendo en nuestros propios días. En mi caso personal yo estuve por más de dos décadas sirviendo bajo control o dirección de la Sociedad *Watchtower* de los Testigos de Jehová.[3] Puedo decir que el proceso que lo determina a uno a salir del sistema al que perteneció, al objeto de estar en paz con la conciencia y con Dios, no es en sí ni sencillo

7

ni divertido ni tan rápido. No obstante, es recompensado con creces; porque una conciencia tranquila, paz con Dios y una esperanza firme y segura, no son cualquier cosa. Espero que mi testimonio personal sirva para esclarecer plenamente esto que acabo de decir.

Mi infancia

Yo me crié en una familia de Testigos y, tendría unos tres años de edad cuando mi padre empezó a tener charlas con ellos en torno a la Biblia. Muy poco después fue bautizado y así mi padre llegó a ser formalmente miembro de la organización. Las circunstancias de la vida hicieron que nos trasladáramos posteriormente de la provincia de Ciudad Real (donde conocimos a los Testigos) a la provincia de Barcelona. Una vez establecidos en la provincia de Barcelona mi padre volvió a contactar a los Testigos; pero también los llamados protestantes. Hasta donde puedo recordar, mi padre llegó a vacilar un poco en cierto punto doctrinal. Tenía que ver con la esperanza que la Biblia asigna a los cristianos verdaderos hoy.[4] En cierto momento a mí me pareció evidente que él se inclinó a favor de una esperanza de vida reservada en los cielos (Colosenses 1:5) para los cristianos verdaderos. En consecuencia, aunque muy jovencito yo asumí esto también.

Algún tiempo más tarde, tras varios nuevos contactos con los Testigos, mi padre finalmente favoreció la enseñanza de que la Iglesia de Jesucristo sólo está compuesta de 144.000 miembros, que ese número ya estaba completo y que los restantes cristianos no podían aspirar a un futuro de vida gloriosa, siempre en la presencia del Señor (1 Tesalonicenses 4:17, 18). Así, la creencia de que hoy hay —por decirlo de alguna manera— "cristianos de segunda clase" se afianzó en mi familia. Sin embargo no arraigó en mi corazón. De ahí en adelante desconfié un poquito de mi padre y, aunque bastante joven aún, había dos cosas que me eran sumamente gratas: orar a Dios y estudiar su Palabra. Así es que, estando yo en mis doce y trece años, solía pasar con frecuencia varias horas seguidas estudiando la Biblia, a solas, en un piso vacío justo encima de donde nosotros vivíamos.

En varias ocasiones mi madre (ahora difunta) me daba avisos desde el piso de abajo con el mango de la escoba, puesto que ya era muy tarde y debía irme a dormir. Entonces, con la dulzura que siempre la caracterizaba, me recriminaba que estudiara demasiado. Pero, yo quería saber las cosas, no sólo porque mi padre u otros me las enseñaran, sino porque estaban ahí, en la Palabra de Dios.

Debo confesar con toda sinceridad que este estudio y meditación de la Biblia —aun a tan temprana edad— me condujo a un profundo deseo de estar en la presencia de Dios y de verle tal como él es. Así cuando yo leía las palabras del apóstol: "Amados, ahora somos hijos de Dios, y aún no se ha manifestado lo que seremos. Pero sabemos que cuando él sea manifestado, seremos semejante a él, porque le veremos tal como él es",[5] yo, sin duda alguna decía 'esto se aplica a mí'. Es cierto que yo no pude discernir en aquel tiempo que en verdad todo cristiano verdadero, aun en nuestro tiempo, deber ser realmente un "hijo de Dios" y, en consecuencia, miembro de la Iglesia de nuestro Señor Jesucristo. Sin embargo, yo estaba totalmente cierto de que Dios me estaba dando testimonio a mi espíritu, de que yo era hijo suyo (Romanos 8:15-17). Por lo tanto, yo clamaba —y sigo clamando— ¡Abba Padre!" Así es que, mentalmente acepté el "status" de la organización en cuanto a los 144.000; pero yo me consideré parte de la Iglesia que Cristo compró con su sangre (Hechos 20:28).

El fin del mundo "a la vuelta de la esquina"

Como niño que era me impresionaba mucho todo lo que decía La Atalaya y representantes de la Sociedad Watchtower en el sentido de que el fin del mundo era un suceso verdaderamente inminente. Sin embargo, una explicación muy particular en cuanto a las setenta semanas de Daniel, capítulo nueve, fue algo que me animó a tomar ciertas decisiones sin demora. Esta explicación, repito, muy particular (originó en algún miembro o miembros del pequeño grupo de Testigos al que yo pertenecía, no de la Sociedad Watchtower), apuntaba al año 1960 como la fecha en que debería venir el fin del mundo. Cuando esta fecha empezó a ser objeto de consideración en el grupo contaba yo con unos once años de edad. No pude razonar el cálculo, pero me lo aprendí de memoria.

El primer paso consistía en abrir la Biblia y buscar la cita: Daniel 9:24, 25, 27. En segundo lugar había que sumar las cifras según van apareciendo en tales versículos, es decir, 70 semanas, más 7, más 62, más 1. Como se ve, el resultado es 140. Ahora, en tercer lugar, se debía multi- plicar dicho resultado por 2 (la explicación era que la Historia consta de dos períodos, el de antes y el de después de Jesucristo). El resultado de esta multiplicación, la cifra de 280, finalmente se debe multiplicar por 7 (la razón que se daba es que 7 es un numero perfecto) y se consigue la fecha de 1960. Recuerdo que en cierta ocasión se me invitó a hacer este cálculo en presencia de un sacerdote católico. Su sonrisa era una mezcla de respeto e ironía.

Bajo más "impresión" que entendimiento de las cosas, en el año 1958, a los doce años, me bauticé y llegué a ser así formalmente miembro de la organización. Si Jesucristo ha escogido —decía yo— a la organización de los Testigos como su única organización en la tierra, entonces, yo tenía que pertenecer a ella. Y si Jesucristo iba predicando por diversos lugares, entonces yo tenía que hacerlo también.

Nombrado ministro precursor
de la Sociedad Watchtower

Ya a los trece años y empezando con el mes de julio de 1959, empecé un ensayo de tres meses al objeto de ver si me sería posible dedicar cada mes no menos de 100 horas yendo casa por casa predicando, revisitando a quienes mostraran algún interés en nuestro mensaje y estudiando con ellos alguna de las publicaciones de la Sociedad, en el caso de que la persona se mostrara dispuesta a ello. Antes de terminar lo tres meses entendí que podía combinar bien mis asuntos para dedicar tal cantidad de horas al mes a la "obra" y, con permiso de mis padres, solicité ser "pre- cursor" por tiempo indefinido bajo la dirección de la Sociedad *Watchtower*. Eso quería decir que tenía que dedicar como promedio algo más de tres horas diarias en diferentes facetas de servicio. La respuesta de la Sociedad vino pronto. Yo debía empezar a servir en tal capacidad el 1 de octubre de 1959. Fue de esta manera que manifesté mi deseo de entregar "la flor de mi juventud" y toda mi vida a Dios y su obra, antes que nos sorprendiera el fin del presente mundo malo.

NOMBRAMIENTO DE PRECURSOR

S. N. Mundo
Barcelona
1 oct. 1959

Orellano Pérez Buitrago

Estimado consiervo y testigo:

A usted se le ha nombrado para servir como ministro procursor de la Sociedad Watchtower Bible and Tract comenzando el 1 de octubre 1959.

Como ministro ordenado de Jehová Dios usted tiene la comisión de declarar el nombre y los propósitos de Jehová, el Dios Todopoderoso. (Salmo 83:16-18; Isaías 61:1, 2) Al predicar usted el mensaje del Reino por el cual Cristo Jesús nos enseñó a orar, usted consolará a los que lloran y ayudará a las personas que son de buena voluntad y de corazón recto a conocer y adorar al Dios verdadero, Jehová.

El método original de predicar que fué instituido por Cristo Jesús es el que usted empleará al llevar a cabo la obra de ministerio. (1 Pedro 2:21; Hechos 10:39-42; 20:20) Para la conveniencia de la gente con quien usted se pone en contacto en el desempeño de su ministerio de casa en casa, se ofrecerá por una pequeña contribución la literatura bíblica y los cursos de estudio en las Escrituras que la Sociedad Watchtower Bible and Tract proporciona. Usted volverá a visitar a las personas que manifiestan interés con la mira de ayudarlas a estudiar la Biblia. (Juan 17:3) Usted será diligente en sus esfuerzos por ayudar a estas personas a participar en la adoración de Jehová y asociarse con la congregación local de los testigos de Jehová lo más pronto posible. (Hebreos 10:24, 25) Usted hallará instrucciones completas acerca de su trabajo en <u>Predicando juntos en unidad</u>.

Ha de dedicarse el mínimo de 100 horas al mes, o 1,200 horas al año en el desempeño de su vocación, el ministerio de tiempo cabal. El dejar de vivir en conformidad con el nombre y no cumplir con la comisión que se le impone a uno que es testigo de Jehová como se explica ésta en las Escrituras, o el no cumplir con la cuota de procursor, resultará en que sea quitado del ministerio de tiempo cabal.

Que Jehová Dios bendiga y favorezca su ministerio para la honra y alabanza de Su nombre a medida que usted ayuda a las personas de buena voluntad y los señala el camino que lleva a la vida bajo el reino de Dios.

Unidos a usted en el ministerio,

Así empecé una "carrera" que había de durar alrededor de un cuarto de siglo trabajando con la organización, que yo llegué a pensar, era 'la única organización que Jehová estaba usando aquí en la tierra en estos días'. Por supuesto el año 1960 pasó sin que viniera el fin del mundo. Aunque me sentí algo defraudado, de todas maneras pensé que el fin no podía estar muy lejos. Por lo tanto, siempre trabajé con un sentido de urgencia hasta que tuve muy claro que la fecha 1914 no se atenía a datos fidedignos, y que, la Sociedad había dado en el pasado fechas concretas en relación con sucesos de gran importancia que en absoluto se cumplieron. Pero, repito, hasta que estas y otras cosas me fueron evidentes, me apegué —a veces hasta con cierto fanatismo—a las sugerencias, normas e instrucciones de la Sociedad.

Poco más de dos años después de haber empezado con el servicio como ministro precursor, recibí una invitación para que dejara el poco trabajo seglar que estaba efectuando en ese entonces a fin de que sirviera como precursor especial. En la solicitud que a tales efectos rellené manifesté mi disposición de servir en cualquier lugar al cual me asignara la sociedad anteniéndome siempre a sus instrucciones, bien las contenidas en sus publicaciones o las que recibiera por carta. La solicitud fue aprobada y fui nombrado para servir como precursor especial a partir de la fecha de 1 de junio de 1962. Debido a restricciones legales actuábamos en clandestinidad y, en vez de nuestro nombre y apellidos, se nos asignó un número clave. Por varios años el mío fue: PS 438.6. Como precursor especial estaba al servicio y disposición de la Sociedad *Watchtower*. Yo contaba entonces con dieciséis años.

El asunto de entregar "informes" me hace pensar

Por aproximadamente un año y medio estuve sirviendo en dicha capacidad en Manresa, Barcelona, que era la ciudad donde vivían mis padres y hermanos. En aquel entonces la congregación de los Testigos en Manresa se componía de cuatro grupos, pues debido a cautela no nos reuníamos todos juntos. A mí se me había asignado atender uno de

S. N. Mundo
22 de mayo de 1962

PS 438.6

Estimado hermano:

Jehová muestra el amor que les tiene a los que le sirven fielmente en el puesto asignado a ellos y que de otro modo están capacitados, haciéndoles disponibles mayores privilegios de servicio. La diligencia con que usted se ha aplicado al servicio y su sincero deseo por adelantar los intereses del Reino nos hacen creer que usted está capacitado desde todos estos puntos de vista. Nos es verdaderamente grato informarle que se le está asignando a servir como precursor especial con la congregación cuyo nombre se da abajo.

Congregación: Man (E)

Observaciones: Esta asignación empieza el 1 de junio de 1962

Al ser asignado a trabajar con un congregación usted obtendrá su territorio por medio del siervo de revistas y territorio. Trabaje el territorio de acuerdo con las instrucciones que la Sociedad ha dado. Su nombramiento como precursor especial requiere que usted dedique por lo menos 150 horas al mes a dar el testimonio de casa en casa y a atender a las personas interesadas haciendo revisitas y conduciendo estudios bíblicos en sus hogares. Ayude con el entrenamiento de los publicadores según se le asigne a hacerlo. Para entender cabalmente los deberes que le atañen debe estudiar cuidadosamente toda la información que contienen las publicaciones de la Sociedad, tales como Predicando y enseñando en paz y unidad, el Ministerio del Reino, La Atalaya, etc., así como también todas las cartas especiales que traten de su servicio que la Sociedad envíe de vez en cuando, y no sólo estudiar esta información, sino mantenerse al día en cuanto a ella. El siervo de circuito lo entrevistará respecto a todos los rasgos de su actividad como precursor especial cuando venga a servir a esa congregación, y se requiere que él envíe un informe a la Sociedad.

Debido a los años de servicio, entrenamiento y experiencia que usted tiene, tanto la Sociedad como los hermanos con quienes usted trabaja y la gente de buena voluntad esperarán ver en usted una alta norma de comportamiento teocrático. Siempre esfuércese por mantener la debida actitud cristiana y registro de servicio teocrático. Que su ejemplo de altruismo, diligencia y servicio eficaz les sea provechoso a todos y sirva para edificarlos y fortalecerlos. Esté en unidad con todos los publicadores del Reino.

Que Jehová siga guiándolo y sustentándolo a medida que le sirve en la sociedad del nuevo mundo y bendice su nombre todos los días.

Sus hermanos,

---

estos cuatro grupos, y los domingos, después de la reunión, los cuatro diferentes conductores de estos grupos nos reuníamos para cambiar impresiones y para estudiar los informes que habían entregado los diferentes miembros de la congregación. En éstos cada publicador indicaba la cantidad de horas que había dedicado esa semana que acababa de pasar, predicando a otros (generalmente casa por casa) así como cuántos libros o revistas de la Sociedad había despachado, etcétera. En la actualidad se espera un informe mensual, al fin de cada mes, por parte de cada publicador.

Ahora bien, el mencionar yo aquí este asunto de los 'informes del servicio' es debido a que yo nunca tuve claro que esto se tuviera que hacer. Mejor dicho, no veía ninguna base bíblica que lo respaldara. Cuando los responsables de los diferentes grupos nos reuníamos para estudiar tales informes, lo que en realidad estábamos haciendo era 'tomar el pulso a la congregación'. Si nos parecía poca la actividad, con frecuencia eso daba pie a que se prepararan discursos que indicaran cómo ello constituía una "debilidad" de la congregación. Puesto que la Sociedad había estipulado el mínimo de horas que cada publicador debía alcanzar y tratar de pasar cada mes, ello establecía la base para que cada responsable de grupo hiciese una lista de todos aquellos de su grupo que estuvieran por debajo de tales metas. Entonces, debía abordarlos y estimularles a mayor servicio. Luego, entre nosotros, esto daba pie a que hiciéramos valoraciones en el sentido de que 'este hermano flojo, o frío, o maduro espiritualmente, etcétera', y esto se tomaba siempre en cuenta al recomendar a alguien a puestos de servicios especiales en la congregación. Con pocas excepciones o diferencias, estas tácticas se emplean en el mismo sentido hoy.

Aunque yo obedecía las instrucciones de la organización en este y otros particulares, sin embargo siempre he tenido claro que cualquier clase de servicio que desempeñemos como cristianos debe ser siempre motivado por la fe y el amor. Además, las Escrituras señalan: "Todo lo que hagáis, hacedlo de buen ánimo como para el Señor y no para los hombres".[6] Esto no es decir que no tiene importancia el hecho de que debamos estar siempre listos para responder a todo el que nos pida razón de la esperanza que hay en nosotros.[7] Quiere decir, más bien, que no debemos servir a Dios bajo presión sicológica de clase alguna. Que es sumamente delicado llegar a ciertas conclusiones en cuanto a cierto miembro de la congregación basado en lo que haya informado al final de mes. Sólo

Dios conoce lo que verdaderamente hay en el corazón del hombre. Por lo tanto, fue y ha sido siempre mi sentir sincero, que pasar tales informes, se prestan —por más cuidado que se quiera tener— a que se llegue a conclusiones y juicios incorrectos sobre el individuo.

Hace mucho que estas palabras apropiadas se escribieron: "Para mí es poca cosa el ser juzgado por vosotros o por cualquier tribunal humano.... pues el que me juzga es el Señor. Así que, no juzguéis nada antes de tiempo, hasta que venga el Señor, quien a la vez sacará a la luz las cosas ocultas de las tinieblas y hará evidentes las intenciones de los corazones. Entonces tendrá cada uno la alabanza de parte de Dios" (1 Corintios 4:3-5). Entonces, ¿no es mejor que lo que cualquier cristiano haga en cualquier campo o terreno lo haga por amor y como para Dios en vez de bajo cierta presión y a fin de ser examinado por hombre? Muy evidentemente ¡sí!

Así, en aquel entonces (en mis dieciséis años), este asunto de los informes no era algo que yo tuviera muy claro. Pero veía cosas como estas, simplemente como asuntos técnicos, secundarios. Con el tiempo, cosas de mucho más peso me espolearían y me harían pensar seriamente.

Mi primer cambio de asignación como precursor especial

Aún no había cumplido los dieciocho años cuando se me notificó de un cambio de asignación. Si la memoria no me falla, a mediados del año de 1963 se me indicó que el primero de septiembre de ese año debería comenzar a servir en el sur del país, Málaga, capital de la provincia del mismo nombre. Poco después de esta notificación de cambio, no obstante, recibí otra carta de la Sociedad con fecha del 4 de julio de 1963 (a la sazón, la organización de los Testigos no era reconocida legalmente en España e interinamente se daba a conocer con la expresión "S.N. Mundo", es decir, Sociedad del Nuevo Mundo) en la que se me indicaba que antes de partir hacia Málaga —mi nueva asignación— debía recibir un curso de entrenamiento especial en

Barcelona en la denominada Escuela del Ministerio del Reino. Cursé la debida solicitud. Esta fue aprobada, y así, el lunes 29 de septiembre me hallé en el primer día de clase.

Me alegró mucho ver que el instructor principal en la Escuela era René Vázquez. El era un misionero de la Sociedad, oriundo de Puerto Rico, que llegó a España para obra misional junto con su esposa Elsie en el mes de marzo de 1958. De lo que conocía de él tenía la impresión de que era un hombre afable, no fanático y de profundos conocimientos bíblicos. Cuando el material que estudiábamos tocaba ciertos puntos técnicos o escatológicos yo pude observar su prudencia al tratarlos. Generalmente remitía al material de la Sociedad o sugería que se hiciera la pregunta a la Sociedad misma. Posteriormente regresó a los Estados Unidos, donde por años sirvió en las oficinas centrales de la Sociedad *Watchtower*. Entonces, sorprendentemente, rumores llegaron a España en el sentido de que él había sido expulsado de la Organización por no estar de acuerdo con la Sociedad en ciertos puntos de importancia de las Escrituras, como por ejemplo, que deban existir hoy dos clases de cristianos, unos siendo parte del cuerpo de Cristo y de su Iglesia con esperanza de vida celestial y, otros (la "Gran muchedumbre"), no siendo ninguna de estas cosas —no obstante cristiano sí—, pero con esperanza de vida futura en la tierra. Los rumores indicaban que él mismo (René) había empezado a participar de los símbolos o emblemas, es decir, del pan y del vino en la celebración de la Cena del Señor.

Yo me sentí bastante triste con una noticia como esa. En mi interior me alegré de que él hubiera empezado a tomar de los símbolos del pan y el vino; pero, puesto que los rumores se extendían a otros asuntos (repito, estoy hablando de rumores y hasta calumnias), yo quise dejar esos asuntos en las manos de la Organización con la advertencia dada en Proverbios capítulo tres "confía en Jehová". Pensé que si se expulsaba a alguien debía haber razones muy profundas y de peso. Pero, como he dicho, fue muy agradable tener a este hombre como principal instructor en la Escuela del Ministerio del Reino a la que asistí. El

PS 438.6
MAN

Estimado compañero ministro:

Su solicitud de matrícula en la Escuela del Ministerio del Reino ha sido aceptada. La escuela se conducirá en Barcelona . Tenga la bondad de hacer sus arreglos de viaje de modo que llegue el 28 de septiembre de 1963. o a más tardar el mediodía del 29 de septiembre . Las clases comenzarán el lunes por la mañana. Así que si usted viene para el mediodía del domingo eso le dará tiempo para familiarizarse con los arreglos para la escuela y para establecerse en su alojamiento.

Cuando usted venga traiga su tarjeta de registro de publicador (s-21-S) consigo si es siervo de congregación. Si es precursor o siervo de circuito o de distrito traiga su hoja de registro semanal (s-22-S). Estas deben mostrar por lo menos el registro de un año de servicio en el campo. También traiga consigo su propio ejemplar de la Biblia (Versión Moderna), "Equipado para toda buena obra," Capacitados para ser ministros, "Sea Dios Veraz," "Esto significa vida eterna," "Nuevos cielos y una nueva Tierra," ¿Qué ha hecho la religión para la humanidad?, Usted puede sobrevivir al Armagedón y entrar en el nuevo mundo de Dios, De paraíso perdido a paraíso recobrado, Predicando y enseñando en paz y unidad, los ejemplares de los doce meses anteriores de La Atalaya y el Ministerio del Reino, los suplementos sobre "Entrenamiento progresivo en oratoria" y Bosquejos para sermones.

IMPORTANTE: Para prepararse para el curso será necesario que usted lea las Escrituras Griegas de la Biblia versión Moderna antes de venir a la escuela. Entonces según permita el tiempo, empiece a leer las Escrituras Hebreas, comenzando con Génesis.

Usted debe hacer sus planes para partir de la escuela inmediatamente después de completar el curso de estudio de cuatro semanas.

Puede estar seguro de nuestras oraciones y mejores deseos al emprender usted este curso de estudio en la Escuela del Ministerio del Reino para equiparse más para el servicio en la Sociedad del Nuevo Mundo.

Sus consiervos en el
ministerio del Reino,

P.D. Al acercarse la fecha indicada le indicaremos a qué
dirección tiene que dirigirse.

NOTESE: Debido a su asignación de asistir a la escuela, tendremos que aplazar su salida hacia su nueva asignación hasta inmediatamente después de terminar con el entrenamiento especial.

aprecio que le tenía así como los rumores referentes a su expulsión dejaron en mí un importante interrogante. Ahora, lo que a mí me preocupaba —una vez concluido el curso en tal Escuela— era mi nueva asignación: Málaga. Nuevos interrogantes quedarían establecidos en mi conciencia como si estuviera siendo moldeado para algo futuro.

Al llegar a Málaga, encontré al que debía de ser mi compañero en el ministerio de tiempo completo como precursor especial, postrado en cama con una enfermedad del hígado llamada cirrosis. En dicho estado delicado permaneció por bastantes meses. Por otro lado la congregación había sido víctima de una redada de la policía en uno de los hogares donde se reunían para estudiar la Biblia con la ayuda de la literatura de la Sociedad. Las autoridades en Málaga consideraron eso delito en aquel entonces, y en consecuencia, a unos cuantos individuos se les impuso multas importantes que pagar. Se me dieron instrucciones para ayudar a cursar apelaciones al gobierno civil de Málaga así como al ministro del Gobierno central encargado de tales asuntos. Puesto que toda apelación fue denegada, al final tuvimos que dar los pasos legales pertinentes para llevar el caso al Tribunal Supremo de Justicia. Al debido tiempo, éste falló a favor de los Testigos. Me alegró muchísimo haber tenido que ver con una causa que implicaba respeto a las conciencias individuales y a la libertad de expresión. ¿Por qué debía ir un hombre a la prisión tan sólo por haber ejercido lo que es su derecho de expresión? Puesto que yo mismo, dos años antes, había sido buscado por la policía en Manresa, Barcelona, por conceptos religiosos, juzgue el lector el por qué de mi anhelo a favor de la paz y de la libertad. ¡Al hombre no se le debe forzar a ir en contra de su propia conciencia, de sus profundas convicciones! Si se le considera equivocado en materia religiosa se le podría tratar de persuadir usando la Palabra de Dios, tacto, tiempo y amor; pero en todo caso de sin el uso de la coacción e intimidación.

A la cárcel o al extranjero

Unos tres años de servicio como precursor especial de la Sociedad transcurrieron en Málaga. Mientras tanto conocí a una joven Testigo que me atrajo mucho por sus evidentes y manifiestas cualidades cristianas. Tere y yo nos casaríamos y juntos trataríamos de servir a Dios y al prójimo tanto como nos fuera posible en la medida de nuestro entendimiento, posibilidades y futuras circunstancias. Hasta el día presente un deseo profundo de agradar a Dios ha caracterizado nuestras vidas. Con el tiempo dos hermosos hijos fueron parte de la dádiva de nuestro Dios amoroso. Tere y yo nos hemos preocupado mucho por la salud espiritual de ellos y ha sido siempre nuestro lema enseñarles esta máxima: "El principio de la sabiduría es el temor de Jehová" (Proverbios 1:7). Hasta el día de hoy les hemos enseñado también que, por el contrario, el temor al hombre puede suponer una trampa, un engaño y hasta verdadera vejación. Pero retrocedamos de nuevo a Málaga al tiempo en que tuve que tomar una decisión importante en mi vida.

Corría el año 1965. Yo tenía diecinueve años de edad y ese mismo año iba a cumplir los veinte. De una y otra parte del país jóvenes Testigos estaban siendo encarcelados tras haberse declarado objetores de conciencia. Siendo yo mismo un firme objetor al uso y entrenamiento con las armas en preparación para la guerra, estaba por tanto resuelto a evitar hacer el servicio militar. Sin embargo, no tenía claro que, por lo menos en mi caso particular, tuviese que ir a la cárcel por un número indeterminado de años. ¿Podría salir a tiempo del país y seguir como ministro precursor de la Sociedad atendiendo obra en otros lugares del mundo? Oré a Dios sobre el asunto, consideré lo que la Biblia podría decirme al respecto, y escuché con detenimiento lo que otros quisieran decirme sobre el asunto. Al final tomé una decisión que consideré tenía respaldo bíblico, que no violaba mi conciencia y que no entorpecía mi relación con Dios. Sin embargo, desgraciadamente, la intimidación y coacción aparecieron de parte de hasta miembros respetables de la organización.

Yo tenía claro que uno de los propósitos más importantes del siervo de Dios en la Tierra tenía que ver con el llevar a otros las "buenas nuevas del reino". Pensaba en la gran comisión: "haced discípulos de todas las naciones, bautizándolos".[8] Además Jesús mencionó que cuando hubiese persecución en cierto lugar uno se podía mudar a otro sitio pues la obra por hacer era verdaderamente extensa.[9] Consideré, pues, muy práctico este consejo de nuestro Señor Jesucristo. Tere, mi prometida, se mostró plenamente de acuerdo con mi decisión final. Una vez casados, ambos podríamos servir unidos a Dios en alguna otra parte de la tierra y siempre nuestro propósito principal en la vida sería instruir a otros en los caminos de Dios. Así pensábamos. Ahora, el primer dilema vino con el superintendente de circuito (representante oficial de la Sociedad *Watchtower* que visita periódicamente un número determinado de congregaciones que le han sido asignadas).

En una de sus visitas a Málaga él tocó el tema con toda franqueza conmigo. Me señaló que él había ya considerado dichos asuntos con personal de la Sociedad. Que evidentemente la Sociedad estaba interesada en que tantos casos de jóvenes objetores se presentaran como fuera posible (a fin de que esto de alguna forma sirviera de "presión" al Gobierno) en aras a una solución apropiada. Por lo tanto mi actitud no se estaba considerando ejemplar. El dijo que, puesto que yo pretendía ser de los 144.000 y que además era ministro precursor especial de la Sociedad, de alguna manera mi actitud podía sembrar precedente a otros jóvenes que quisieran seguir mi ejemplo. Por supuesto, yo fui franco también al explicarle cómo yo veía y sentía los asuntos. Era mi decisión, era mi conciencia y era mi servicio a Dios.

Me causó mucha tristeza cuando leí el informe que él como superintendente de circuito mandó a la Sociedad. En sus comentarios sobre mi persona mencionó textualmente que yo "estaba poniendo puertas a la neutralidad cristiana". Después del envío de tal informe empecé a recibir cartas "persuasivas" de jóvenes que ya estaban presos como objetores. Un día, en un encuentro con Tere, ella al verme pronto cedió a las lágrimas. ¿Qué te pasa? —le pregunté—. Ella acababa de recibir una carta de un precursor especial que servía en otra parte del país en la cual la estimulaba a romper su compromiso conmigo. Pero, ¿somos personas o robots? ¿Debemos tomar nuestras decisiones a conciencia delante de Dios o debemos estar simplemente tratando de corresponder y agradar a hombres?

En verdad, me merecía mucho respeto el que hubiera una cantidad de jóvenes encarcelados por no querer violar su conciencia respecto al asunto de entrenarse con las armas para la guerra. Incluso, en varios ocasiones, les escribí cartas de ánimo y estímulo. Sin embargo, en mi caso particular, consideré que la voluntad de Dios para mí era que siguiera predicando su Palabra y atendiendo y ayudando en congregaciones —o empezando obra en algún sitio—, en vez de ser por años encarcelado por este asunto de conciencia. Puesto que me consideré coaccionado e intimidado para que tomara una decisión particular sin respeto a mi propia conciencia y convicción sobre el asunto, consideré la cuestión moralmente grave, y resolví —si ello era posible— tratar el caso personal y directamente con algún miembro del Cuerpo Gobernante de los Testigos.

Yo recordaba que, unos años atrás, un pequeño grupo de Testigos abordamos, en una asamblea celebrada en el sur de Francia, a un miembro del Cuerpo Gobernante sobre lo apropiado o no de salir del país un joven en edad del servicio militar y seguir con su servicio a Dios fuera de su país. ¿Pensaba él que lo ejemplar y obvio era ir de todas formas a la cárcel, dando así un ejemplo de lealtad e integridad? ¿No sería también muestra de lealtad al reino celestial seguir predicando las "buenas nuevas" en otros lugares especialmente en vista de las palabras de Jesús en Mateo 10:23? Milton Henschel (del Cuerpo Gobernante) nos sorprendió un poquito con su respuesta. Nos señaló que él personalmente abogaba a favor de la libertad al objeto de usarla en pro de los intereses del reino de Dios atendiendo su obra en otros lugares donde, sin duda alguna, había aún tanta necesidad de predicadores del reino. El dejó muy claro, no obstante, que ese era su punto de vista personal sobre el asunto y que, por lo tanto, no representaba su criterio la opinión oficial de la Sociedad *Watchtower* al respecto. En aquella ocasión aprendí por lo menos dos cosas: 1) En ciertos casos uno debe tomar su propia decisión personal ante Dios y su Palabra y ello sin interferencias innecesarias de otros y, 2) el Cuerpo Gobernante no siempre era unánime en sus decisiones y, en consecuencia, un miembro del Cuerpo Gobernante podría discrepar en conciencia de hasta una declaración oficial de la Sociedad hecha, por ejemplo, en la misma revista *La Atalaya*.

Ahora, en una asamblea (congreso) en Suiza en el año 1965, tuve oportunidad de abordar personal y directamente a otro miembro del Cuerpo Gobernante a quien le expondría con toda claridad mi caso. El hombre era Fred Franz, de quien yo había oído en varias ocasiones que era el teólogo principal de los Testigos al servicio de la Sociedad. Yo le expuse el caso con tanta claridad como pude. El, sin embargo, empezó a dar muchas vueltas y rodeos al darme una respuesta: Usted pretende ser de los ungidos (144.000), y muchos se fijarán en usted. Sería muy bueno, dijo, que usted diera un buen ejemplo de lealtad a sus hermanos. De todos modos, añadió que si yo estaba resuelto a salir del país (España) podría seguir siendo ministro de tiempo completo en el extranjero. Entonces dijo que, si ese era el caso, podía aprovechar y tratar el asunto con el otro miembro del Cuerpo Gobernante que le acompañaba (Milton Henschel), y creí entender que era porque Henschel tenía asuntos de España asignados como parte de sus tareas y que, en ese sentido, Henschel tenía allí más autoridad que Fred Franz mismo.

Recordando todavía los comentarios favorables a mi situación pronunciados por Milsto Heschel hacía unos años en Francia, me pareció muy buena idea seguir tratando los asuntos con Heschel a fin de ver cuál sería la mejor forma en que yo podría seguir sirviendo a la Sociedad en el extranjero. Pero en vano traté varias veces de contactarlo. Cuando me acercaba a su oficina improvisada en las áreas del lugar de asamblea o congreso, la respuesta siempre fue: 'está muy ocupado'. Yo replicaba que tenía que hablar con él por recomendación expresa del mismo hermano Fred Franz. De nuevo la respuesta seca y contundente era: 'está muy ocupado'. Yo no pude contactar en aquel congreso a Henschel pese a la sugerencia del mismo Fred Franz; pero partí de aquel congreso con mi resolución personal basada en Mateo 10:23. Yo respetaba las decisiones que otros habían tomado y que no coincidían con la mía. Ahora bien, tenía estas palabras claras que se aplicaban a mi caso: "La fe que tú tienes, tenla para contigo mismo delante de Dios.... Pues todo lo que no es de fe, es pecado" (Romanos 14:22, 23; Versión Moderna). En consecuencia, Tere y yo nos casamos y partimos para Alemania desde donde pensábamos partir algún día a algún país hispanoparlante donde pudiéramos rendir más —en nuestro propio idioma— en la obra de predicar como precursores bajo la dirección de la Sociedad.

Juan 5:28, 29: motivo de discrepancia doctrinal

En Alemania compaginaba mis asuntos para efectuar trabajo seglar, y al mismo tiempo, continuar como publicador precursor de la Sociedad dedicando un mínimo de cien horas al mes predicando casa por casa y estudiando alguna publicación de la Sociedad, con personas que hubieran manifestado cierto interés en ello. Es lógico deducir que me quedaba muy poco tiempo para estudio personal. En el ínterin deseábamos tener algún dinero extra a fin de que en algún tiempo en el futuro pudiéramos servir como misioneros en alguna otra parte del mundo que no fuera Alemania, pues considerábamos que allí no había tanta necesidad de publicadores.

Pese al poco tiempo que me quedaba para estudiar las Sagradas Escrituras, procuraba apartar cada día un poquito de mi tiempo para ello. No estudiaba la Biblia por un sentido del deber. Necesitaba hacerlo. Deseaba hallar cuanto leía en las diversas publicaciones de la Sociedad *Watchtower* con lo que la Palabra de Dios decía. La verdadera convicción que yo demostrara en mi enseñanza a otros, dependía del que yo pudiera constatar armonía entre lo uno y lo otro. En este desarrollo de las cosas, cuando yo no entendía bien algún punto, en vez de mostrarme conformista al respecto, hacía mas bien de ese punto objeto de la mayor investigación posible. Quería ser como aquellas personas de Berea a las que el apóstol Pablo les predicó la Palabra de Dios. Ellos, en vez de ser meramente conformistas, 'escudriñaban cada día las Escrituras para ver si esas cosas eran así' (Hechos 17:11).

Recientemente en asambleas (congresos), en la revista *La Atalaya* (1 y 15 de junio de 1965) y en el nuevo libro *'Cosas en las cuales es imposible que Dios mienta'* (publicado en al año 1965), la Sociedad había tratado ampliamente temas como el de la resurrección y el día del juicio. Estos asuntos escatológicos llamaron fuertemente mi atención y los estudié con bastante profundidad a la luz de la Biblia. Muchísimas horas de estudio y oración pero, sinceramente, no pude armonizar todo lo que la Sociedad *Watchtower* había publicado al respecto con lo que la Biblia misma decía. Por más vueltas que yo le daba al asunto, Juan 5: 28, 29 me decía a mí que las "obras" ejecutadas por los resucitados —razón de su destino—, no eran obras que habrían de efectuar tras ser resucitados, sino que aludía precisamente a su actitud ante la provisión de salvación de Dios precisamente en los años de vida antes de su muerte. En el libro de los Hechos (24:15) leía que iba a haber resurrección "así de justos como de injustos". Yo veía en estos pasajes que tales personas ya eran consideradas por Dios lo uno o lo otro precisamente en el momento de la resurrección. No se hablaba (en la Biblia) de tales personas como que 'resucitarían a ser consideradas justas o injustas según las obras que ejecutasen después de haber resucitado'. Las publicaciones de la Sociedad explicaban que la expresión de Juan 5:28-29 "los que hicieron lo bueno... los que hicieron lo malo" eran declaraciones "elípticas" que abarcaban obras futuras efectuadas por los implicados, en general, después de su resurrección.

La palabra griega para "sepulcro" (en Juan 5:28-29) es traducida por los Testigos en su *Traducción del Nuevo Mundo* por la expresión "tumbas conmemorativas". En aquel entonces se usaba con mucha frecuencia la expresión "tumbas memorialescas". En consecuencia la enseñanza es que los que resucitan están en la memoria de Dios —no en el sentido peyorativo del término— y que, por lo tanto, son resucitados a una oportunidad más amplia de salvación o a gozar de la vida eterna. Esta exposición teológica de los asuntos implicaba e implica —según ellos— que hay otras personas que no están en la "memoria de Dios". Tales personas (no la mayoría de los muertos) son declaradas ya inicuas por Dios al tiempo de su muerte y no necesitarán de una resurrección ni siquiera para una confrontación ante el Juez Supremo por su vil maldad persistente antes de su muerte. Como declaró una publicación de la Sociedad allá en el año 1960, sencillamente "nunca se recordará a los inicuos para una resurrección".[10] Tales personas van al Gehena al tiempo de morir. Puesto que Gehena implica la "segunda muerte", no hay esperanza alguna, en ningún sentido, de resurrección para tales inicuos. Sin embargo, en Hebreos 9:27 yo leía con toda sencillez esto: "Está establecido para los hombres que mueran una sola vez, y después de esto el juicio". (Ver también Romanos 14:10, 12; Mateo 12:26). La información de la Sociedad hasta entonces no me satisfizo en absoluto.

Viendo que la información que tenía a la mano de la Sociedad no me satisfacía sino que dejaba más bien grandes interrogantes en mi mente, decidí, después de orar sobre el asunto, escribir a las oficinas centrales de la Sociedad en Brooklyn, Nueva York. Con la ayuda de dos exhaustivas concordancias (la de Jaime Strong y la de Roberto Young) analicé tan minuciosamente el tema como pude. Entonces, en la primavera del año 1967 mandé a la Sociedad el fruto de mi trabajo en una carta de siete páginas. Usé mucha franqueza en esta carta; pero al principio de la misma manifesté una declaración formal en el sentido de que no estaba compartiendo en absoluto mi entendimiento de los asuntos con otras personas.

Al cabo de un tiempo razonable recibí la tan esperada respuesta. Estaba tan ilusionado en estudiar la información y argumentación que se enviara que, mientras abría el sobre, literalmente me temblaba la mano. Finalmente, la respuesta estaba pasmada en una hoja y, de esa hoja, un solo párrafo presentaba el punto de vista oficial de la Sociedad sobre el asunto mientras me dirigía a estudiar el tema "en profundidad", al libro *Cosas en las cuales es imposible que Dios mienta*".[11] Debía considerar detenidamente los temas: "Librando del Hades a los muertos" y "El Día del Juicio— ¿cuánto para toda la humanidad? ¿cuánto durará?" Era como ir al médico porque cierto tratamiento suyo no te sirvió, solo para observar que te vuelve a recetar de nuevo el mismo tratamiento. Pensé que Dios al debido tiempo iluminaría sobre este particular a "su pueblo"; dejé un asunto más en sus manos.

Colombia: siguiente campo de actividades

Transcurridos cerca de cuatro años de estancia en Alemania resolvimos partir hacia un país donde hubiera mayor necesidad de predicadores de las "buenas nuevas". Además, el idioma alemán era muy difícil para nosotros y preferíamos un lugar en donde además de poder ser útiles se hablara nuestra lengua. Durante el tiempo que estuvimos en Alemania ayudamos a establecer una congregación de habla hispana, la congregación Reutlingen-Spanish. Para cuando salimos del país hacia Colombia la congregación contaba con más de treinta miembros.

Estaba transcurriendo el año 1969 y nos pusimos en contacto con las oficinas de la Sociedad en Brooklyn a fin de que nos ayudaran a determinar cuál debería ser nuestro próximo "campo" de servicio. Después de recibir información pertinente, Tere y yo decidimos —tras orar bastante al respecto— viajar a Colombia. Con fecha 10 de septiembre de 1969 notificamos de nuestra determinación a las oficinas de la Sociedad *Watchtower* en Barranquilla, Colombia. Pocos días después recibíamos una carta de aprecio por nuestro servicio en Alemania por parte de la sucursal de la Sociedad allí. La carta fechada el 16 de septiembre de ese año nos estimuló con frases como estas: Apreciamos "tu servicio de todo corazón como superintendente de una congregación cristiana ... estuviste listo en todo tiempo a poner tus intereses personales bajo los intereses del Reino .... Te deseamos también en tu nueva asignación la rica bendición de Jehová..." Con este estímulo y orando por la bendición de Jehová, partimos para Colombia a primeros de octubre de dicho año.

Puesto que viajamos en barco hasta Nueva York (pues teníamos allí familia y también deseábamos visitar el

WACHTTURM

BIBEL- UND TRAKTAT-GESELLSCHAFT
DEUTSCHER ZWEIG E.V.

62 WIESBADEN-DOTZHEIM · AM KOHLHECK · POSTFACH 13025

SCB:SSB 16. Sept. 1969

Herrn
Orellano Perez
Joh.-Eisenlohr-Str. 47
7410 Reutlingen

Lieber Bruder Perez!

Wir bestätigen den Eingang des Schreibens des Komitees vom 6. Sept. 1969 und haben gemäß den Vorschlägen die Ernennungen vorgenommen.

Bei dieser Gelegenheit möchten wir nicht versäumen, Dir mitzuteilen,daß wir Deinen ganzherzigen Dienst als Aufseher einer Christenversammlung sehr geschätzt haben. Du warst jederzeit bereit, Deine persönlichen Interessen den Königreichsinteressen unterzuordnen, und wir sind überzeugt, daß Jehova Deinen treuen Einsatz gemäß Hebräer 6:10 nicht vergessen. Wir wünschen Dir auch in Deinem neuen Wirkungskreis den reichen Segen Jehovas. Unsere besten Wünsche begleiten Dich.

Wir schätzen Deinen Anteil am Dienste der reinen Anbetung und verbleiben mit herzlichen Grüßen

Deine Brüder und Mitdiener

Wachtturm B. & T. Gesellscha
DEUTSCHER ZWEIG E.V.

---

complejo de edificios de la Sociedad *Watchtower* en Nueva York) no llegamos a Colombia sino hasta el 21 de noviembre. Fuimos muy amablemente recibidos. La Sociedad (la oficina sucursal) en Barranquilla nos aconsejó quedarnos en Bogotá sirviendo en una de sus congregaciones hasta que los visados correspondientes estuvieran en orden. Esto tomó varios meses, y mientras tanto estuvimos sirviendo de precursores en la congregación

"Campín" de Bogotá. Así iniciamos actividades que habrían de prolongarse en Bogotá mismo por unos cinco años. La relación de cambios de asignación según las necesidades de las mismas fue como sigue: 1 de abril de 1970, asignados a la congregación "Américas"; el 1 de octubre del mismo año, a "Fontibón"; el 1 de junio de 1972, a la congregación "Belén"; el 5 de octubre de 1973, a la congregación "Chicó". Puesto que primeramente habíamos estado trabajando en la congregación "Campín", esto significó haber trabajado con cinco congregaciones en el plazo aproximado de cinco años. Con nuestro hijito Jesús, que llegó a Colombia con casi tres años de edad, nuestra meta era servir lo mejor posible a Jehová nuestro Dios, de toda alma, de todo corazón.

Por supuesto algunos de estos cambios eran bastante sorpresivos para nosotros. Implicaban mudanzas y muchos otros ajustes. Pero considerando que obedecían a verdadera necesidad siempre asentimos con gusto y oración. Por ejemplo, una de las cartas de la Sociedad, que explicaba la razón de un determinado cambio de asignación, decía en parte: "Este nombramiento sorpresivo para usted es debido a la necesidad de establecer la paz en esa congregación.... Adjuntamos un grupo de cables y cartas que hemos recibido recientemente. Además hemos recibido cuatro llamadas telefónicas en conexión con la situación..." Otra carta explicaba así los motivos para un nuevo cambio a otra parte del país: "De todas maneras, el propósito principal es ayudar en la estabilidad de las congregaciones; ya que en el último año han tenido muchos problemas que están afectando el progreso y a las mismas congregaciones".

Así, en los aproximadamente ocho años que estuvímos en Colombia trabajamos en siete congregaciones diferentes; generalmente congregaciones con muchos problemas en su seno. Mientras tanto también atendí otras congregaciones aparte de las mencionadas en calidad de superintendente de circuito (sustituto).[12] De vez en cuando, por enfermedad y otras razones, algún superintendente viajante no podía atender cierta congregación de las que tenía asignadas y yo era invitado a visitarla esa semana y mandar posteriormente un informe de mis impresiones a las oficinas de la Sociedad en el país. De hecho, en la ocasión de un congreso el coordinador de la oficina sucursal en Colombia me invitó a servir como superintendente de circuito permanente en el país; sin embargo, le mencioné que ciertas regiones del país podrían suponer dificultades para nuestro hijito de corta edad, de modo que seguí atendiendo congregaciones de forma más permanente y de vez en cuando, por espacio de una semana, como superintendente de circuito sustituto.

En el ínterin estábamos contentos por poder estar sirviendo a nuestros hermanos de una manera bastante plena. Es obvio que para seguir sirviendo así con una organización se necesita una muy firme y continuada convicción de que dicha organización es usada por Dios y de que ésta sirve a los intereses divinos. El horizonte traería grandes nubarrones que zarandearían, no obstante, mi firmeza en este sentido y que me llevarían a tomar decisiones trascendentes en mi vida. Uno de éstos tuvo que ver con el año 1975.

Expectativas respecto al año 1975

Este asunto sobre las expectativas creadas en torno al año 1975 caló hondo en mí. Es cierto que nunca estuve de acuerdo con que cada Testigo tuviera que pasar un informe de su actividad personal respecto a las horas de predicación de casa en casa, revistas y libros "colocados" con el público, etcétera; es verdad que siempre estuve en desacuerdo con la explicación dada por la Sociedad de Juan 5:28, 29; además, nunca creí en el fondo que el año 1935 A.D. marcara el tiempo en que la Iglesia de Cristo de 144.000 estuviera ya completa (los Testigos creen que la Iglesia de Jesucristo sólo consta de 144.000 miembros, ni uno más ni uno menos). Pero lo referente al año 1975 llegó a ser asunto de gran preocupación para mí por profundas y diversas razones.

En primer lugar las Escrituras decían con rotundidad: "Mirad, velad, y orad; porque no sabéis cuándo será el tiempo.... Velad pues, porque no sabéis cuándo vendrá el señor de la casa.... Y lo que a vosotros digo, a todos lo digo: Velad" (Marcos 13:33-37). Apocalipsis 16:15 declara: "Yo vengo como ladrón". En Lucas 21:8 leemos también: "El replicó: Mirad, que no os engañen; porque vendrán muchos en mi nombre, alegando: "Soy Yo" y "Se acerca el fin". "No les hagáis caso" (El Nuevo Testamento Nueva Versión Internacional, 1979). Entonces, aunque yo mismo entendía que la generación relacionada con el año 1914 no iba a pasar sin que antes viniera el fin, es decir, que cuando el fin viniera habría cierta cantidad de gente en existencia que vivió en aquella fecha, sin embargo detesté en mi interior el énfasis que se dio a una fecha en particular, en este caso el año 1975. Para mí era muy claro que el Señor Jesús vendría como "ladrón". Si tan sólo pareciera razonable que Jesús debiera venir en determinado año, entonces, la palabra "ladrón" y el vocablo "velad" perdían para mí prácticamente todo su significado. Y eso fue lo que enseñé con contundencia en las congregaciones en que me hallaba por turno, a medida que se acercaba el año 1975.

Aparte de esto, a mi esposa y a mí nos preocupó mucho ver el gran entusiasmo que dicho asunto iba cobrando por doquier entre los Testigos. Supimos que algunos estaban dejando sus trabajos para dedicarse a predicar casa por casa. Otros estaban almacenando alimentos para echar mano de ellos en los cercanos días de tribulación que se acercaban. Además bastantes Testigos decían abiertamente en su predicación casa por casa que el fin del mundo vendría en 1975. Aunque a algunos les dimos consejo en el sentido de que no debían mencionar tal cosa en absoluto, pudimos ver, sin embargo, que se seguía mencionando como si tales declaraciones formaran parte del "evangelio" o "buenas nuevas". Vimos que la cuestión estaba formando bandos; ya que unos se manifestaban muy recatados y hasta excépticos, mientras que otros hacían del asunto su "comidilla" en sus casas, en las reuniones de congregación y en la misma predicación casa por casa.

Mientras tanto, y siguiendo instrucciones del Cuerpo Gobernante de los Testigos, se estaban llevando a cabo campañas relámpago de predicación por todo el territorio con la hoja o tratado publicado por la Sociedad, *Noticias del Reino*. En muchos círculos se había establecido la idea de que así como Jericó en la antigüedad fue objeto de una intensiva campaña antes de su desplome definitivo, así debería ser con Babilonia la Grande, particularmente con la cristiandad. La Atalaya, 15 de marzo de 1970, dio pie para tales conjeturas. Cito textualmente algunas porciones de dicho número: "Ahora es el séptimo día para la marcha. ¿Podría ser este un día para "quedarse durmiendo?... ¡Ahora tendrían que marchar alrededor de la ciudad siete veces en un solo día!... Y hoy, cuando faltan menos de seis años para el fin de seis mil años de historia humana, y con toda la evidencia profética de que la cristiandad está por ser sacudida de sus fundamentos orgullosos, ¿no nos incita a celo a darle la vuelta a nuestro territorio siete veces más?" (página 181, párrafo 23) Aquellas campañas relámpago, pues, previas al año 1975, eran como "evidencia" adicional en cuanto a lo probable de que el fin, en verdad, viniera en ese año señalado.

Debido a lo mucho que se habló en diferentes niveles acerca de esa fecha, la misma prensa empezó a ocuparse del tema. No es difícil entender que si dicho año pasaba y nada de lo mencionado como "probable" ocurría, no sólo habría bastante decepción en las filas de los mismos Testigos, sino que como organización serían objeto de burla y ridículo por personas de afuera del movimiento. Así que, como se hizo en tiempos de Russell y Rutherford, sí, usando la misma táctica, se empezó con diplomacia a 'regar el terreno por si llovía lloviera sobre mojado'. Por tanto, en el mismo año 1975, en la revista Atalaya 1 de abril, página 215 se dijo esto: "Las publicaciones de los testigos de Jehová han mostrado que, según la cronología de la Biblia, *parece* (cursivas mías) que 6.000 años de la existencia del hombre se completarán a mediados de la década de 1970. Pero nunca han dicho estas publicaciones que entonces vendría el fin del mundo". Esto me parecía una "táctica". ¿Se estaba jugando con palabras? ¿Se usa la precisión cuando se quiere y la ambigüedad cuando conviene?

La edición de *La Atalaya* del 1 de enero de 1969 habló de la *"convicción* (cursivas mías) de que 1975 marcara el fin de 6.000 años de la historia humana". En esa ocasión no se usó para nada el prudente término "parece".

Se habló de 1975 con el término de "tan importante fecha" y la información que a continuación siguió pretendió ser la evidencia, la base de "tan importante fecha". La revista ¡*Despertad*! también contribuyó a crear verdadera expectación (en su número del 8 de abril de 1969).

Una vez pasado el año 1975 se podía observar a no pocos Testigos bastante decepcionados. No obstante, otros pensaban que si no era el año 1975 sería el 1976. Pensaban que de todos modos el asunto giraba alrededor de 1975, año mas, año menos. Sin embargo también pasó el año 1976 y nada ocurrió. Mi esposa y yo fuimos testigos de cómo algunos se "enfriaron" y aflojaron el paso en lo que respecta a la obra de predicar casa por casa.

De hecho, algunos dejaron definitivamente de efectuar dicha obra y hasta abandonaron la organización. Creo que esto se reflejó bien en los informes de la actividad mundial de los Testigos según los anuarios para los años 1977 y 1978. Por ejemplo, el *Anuario* para 1977 indica que el promedio de publicadores en el año 1976 era de 2.138.537 con 3,7% de aumento sobre el año anterior. Sin embargo, el *Anuario* para 1978 registró un promedio de 2.117.194 publicadores en el año 1977 con un 1% de disminución en relación con el anterior año. El informe del siguiente año (1978) siguió registrando disminución en las filas de los publicadores con 1,4%. Para mí, francamente, todo esto fue materia que me llevó a pensar y reflexionar con mucha seriedad. Yo diría que en mí empezó a germinar una semilla de excepticismo que me puso en un estado de guardia y alerta muy particular de ahí en adelante.

Todo esto me dio base para plantearme con toda seriedad la pregunta: ¿Estará de cualquier forma equivocada la cronología o cuenta de años que la Sociedad está usando? Un estudio totalmente meticuloso y minucioso me reveló años más tarde que sí, y que las fechas 1914, 1918, 1935, 1975 con los significados que se le atribuían, no tenían en absoluto apoyo bíblico y ni aun seglar.

En Colombia, seguimos nuestro servicio atendiendo algunas congregaciones más hasta el año 1977. Aunque siempre teníamos asignada alguna congregación fija con la cual trabajar, yo sin embargo salía de vez en cuando a visitar alguna otra congregación por el período de tiempo de una semana, como superintendente de circuito sustituto. Después de 1975 nos concentramos mucho, mi esposa y yo, en animar y fortalecer a nuestros compañeros de creencia en el sentido de no desilusionarse por no haber pasado nada de lo esperado en el año 1975. Les indicábamos que no nos habíamos dedicado a Jehová pendientes de una fecha, sino por amor a El y a nuestro prójimo.

Sin embargo, informes de mi familia desde España me indicaban cada vez con más claridad que el estado de salud de mi madre era precario y que la tendencia de su estado era la de empeorar. Fue por este motivo que notificamos a la oficina de la Sociedad *Watchtower* en España que apreciaríamos un cambio de asignación a nuestro país de origen si la Sociedad lo consideraba también apropiado y conveniente. Esto me permitiría ver a mi madre antes de su inminente muerte (no había visto a mis padres en persona, ni mi esposa a los suyos, por más de ocho años). La Sociedad se mostró comprensiva ante esta situación y se preocupó de que pudiéramos seguir en España como ministros de tiempo completo en el precursorado especial (más tarde también como superintendente de circuito sustituto).

Llegamos a nuestra siguiente asignación (Plasencia, Cáceres, España) en la primavera de 1977. En general, recibimos una muy calurosa y afectuosa bienvenida. Tras compartir por un par de días o tres con nuestros familiares, ahí estábamos en Plasencia —nuestra nueva asignación— listos para servir. Todavía estaba muy candente el tema referente al año 1975. Ahí en Plasencia algunos Testigos no se habían inhibido de predicar casa por casa que el fin del mundo era inminente en esa fecha. De hecho, en la obra que efectuamos actualmente casa por casa anunciando el evangelio, todavía hay personas que nos recuerdan aquel tipo de profecías que enunciaron los Testigos en aquel entonces.

En el año 1978 la Sociedad nos notificó sobre un nuevo cambio de asignación a mi esposa y a mí. Debíamos trasladarnos a unos 50 kilómetros de Plasencia a una

ASOCIACION
DE LOS
TESTIGOS DE JEHOVA

TELEFONO:
(93) 349-13-16

DIRECCION TELEGRAFICA:
ATALAYA

CALLE PARDO. N.º 65 · BARCELONA (16)

SL   21 de febrero de 1.977

Sr. D. Orellano Pérez y esposa
Apartado Aéreo 043
Tulua, Valle
Colombia

Queridos hermanos:

Es un placer poder comunicarles que habiendo recibido
informes favorables de la sucursal colombiana, ustedes han
sido nombrados para continuar sirviendo en el precursorado
especial aquí en España y su asignación será Plasencia, Cáceres. Entendemos que desean empezar el 1 de abril.

La congregación de Plasencia tiene 48 publicadores y
cuatro precursores actualmente, y la ayuda de un anciano y
nueve siervos ministeriales. Sin embargo el territorio
abarca 42 municipios y una población de más 90.000 habitantes. Por lo tanto usted, hermano, tendrá mucho que hacer,
tanto como anciano como precursor especial. No sabemos si
usted tiene carnet de conducir pero un coche le será útil
en esta asignación, aunque no imprescindible. El actual
superintendente presidente, el hermano Juan Pau, es precursor especial desde hace más de diez años y él les podrá
ofrecer buenas sugerencias sobre el territorio que más necesita ser desarrollado en la asignación.

La mesada aquí es 5.000%, habiendo cumplido el requisito
mínimo de 140 horas de servicio.

Les deseamos un feliz viaje y la rica bendición de Jehová
en su nueva asignación. Cuenten, por favor, con nuestro amor
cristiano, mientras continuamos con ustedes haciendo todas las
cosas para la gloria de Dios.

Sus hermanos,

Asociación de los
Testigos de Jehová

copia: Sucursal de Colombia   Juan Pau Scholz
                                     C/ Sta Catalina 3, 6º B
                                     Plasencia (Cáceres)

P.D. Les mandaremos las tarjetas de asignación cuando
      recibimos sus registros.

congregación que estaba atravesando ciertos problemas. Para atender dicha congregación nos establecimos en Coria (Cáceres). A la vez atenderíamos muchos pueblos de la comarca en los alrededores. También en estos lugares la gente nos mencionaba con algo de sarcasmo sobre el fracaso de 1975. Siempre teníamos que decir que 'la cosa andaba cerca de todos modos', aludiendo siempre a los acontecimientos de alcance mundial (terremotos, guerras, enfriamiento del amor, etcétera). Pero de todas formas, parte de nuestro trabajo era enseñar a nuestros propios compañeros Testigos a no cifrar su confianza en fechas, a no servir a Jehová pensando tanto en que el fin estuviese a 'la vuelta de la esquina'; más bien queríamos enseñarles que la motivación por servir a Dios y a nuestro prójimo era el amor, un amor, además, respaldado por nuestra forma de vivir, nuestro ejemplo.

La congregación a la que fuimos asignados creció razonablemente durante los años que estuvimos sirviendo en esa zona. Con el transcurso del tiempo la congregación se tuvo que dividir en dos (ya no cabíamos en el Salón del Reino de Moraleja) de forma que finalmente quedó una congregación en Moraleja y otra en Coria, donde nosotros residíamos.

Allí en Coria empezamos la construcción de un nuevo Salón del Reino, que se concluyó en no muchos meses. Aparte de eso, la Sociedad me invitó a recibir de nuevo entrenamiento especial para seguir sirviendo (además de mi asignación en Coria) como superintendente de circuito sustituto. Recibí una semana de entrenamiento, y, desde entonces en adelante, de vez en cuando, visitaba alguna congregación aparte de la mía en calidad de superintendente viajante. No mucho antes de eso, a mediados de enero de 1982, una carta de la Sociedad incluía una solicitud a fin de que en caso de ser aprobada, pudiera servir como instructor en al Escuela del Ministerio de Reino (escuela para impartir enseñanza a los "ancianos' de una determinada zona del país). Esto fue aprobado en la fecha 15 de febrero de 1982, a la vez que se me notificaba de un curso especial en Madrid para aquellos que habían sido aprobados como instructores para dicha Escuela del

Ministerio del Reino. Obviamente, llegué a estar bastante cargado de trabajo. Si embargo, todo esto estaba ocurriendo en un tiempo en que internamente estaba siendo zarandeado por actitudes de la Organización (inflexibilidad y cierta dureza al tratar ciertos asuntos, así como dogmatismo en temas doctrinales de envergadura). Además, cosas que llegaron a nuestros oídos en aquel tiempo reforzaron mi crisis interna.

Rumores sobre inquietudes en las oficinas centrales

Ya en la década anterior al año 1980 se había producido la expulsión de ciertas personas prominentes en las oficinas centrales de la Sociedad Watchtower. A algunas de estas personas las había conocido personalmente y tenido alta estima. Pero en los primeros años de la década de 1980 oímos sobre expulsiones de miembros que trabajaban en los más altos niveles de la organización allí en las oficinas centrales. Un miembro del Cuerpo Gobernante fue despedido de su puesto y posteriormente expulsado de la organización. Un hombre que había trabajado por unos cuarenta años en relación con el entrenamiento de misioneros, también había sido expulsado. Otros miembros del departamento de redacción se marcharon voluntariamente o fueron expulsados. Se oía hablar de "gran apostasía" en el seno de la organización.

Como ya he manifestado, los puntos en que yo estaba en total desacuerdo con las enseñanzas de la organización suplidas en la *La Atalaya* iban en crescendo. A la vez, una honda preocupación en mí iba en aumento también. Ya no se trataba de estar en desacuerdo con la Sociedad en determinados puntos clave, sino que en mí se había creado una honda preocupación de la cual surgía la pregunta ¿Es esta la organización que verdaderamente Dios está usando hoy? No podía ser indiferente. Así que, al oír acerca de todo este zarandeo y expulsiones ocurridas en las altas esferas de la organización, me interesé en saber, hasta donde pude, sobre los motivos de discrepancia que condujeron a tantas expulsiones y desasociaciones voluntarias.

Pude recabar bastante información de familiares o amigos míos que vivían o que habían viajado previamente en los Estados Unidos. La revista *TIME* de febrero de 1982 también me proporcionó datos interesantes. Entonces, ¿cuáles fueron, sin duda, puntos importantes de desacuerdo que condujeron a la expulsión de todas estas personas en puestos de tanta responsabilidad y prominencia?

Por supuesto, el que nada hubiera ocurrido en la fecha de 1975 tuvo su parte del asunto. ¿Había derecho a crear expectativas en miembros de la organización que luego habían de terminar en desilusión? ¿Se debiera haber usado siquiera dicha fecha en relación con la posibilidad de que el fin del mundo ocurriera ese año? Pero es más. La disconformidad de unos cuantos expulsados respecto a que el año 1914 correspondiente con el entronizar a Jesucristo en los cielos, ese año tuvo, si cabe, mucho más que ver con el zarandeo que nos ocupa. No obstante, la discrepancia que a mí personalmente más me impresionó tenía que ver con la figura bíblica de 144.000 mencionada en la Biblia en Apocalipsis capítulo 7 y en los versículos 1 al 8. Según mi información recabada, estos expulsados, o muchos de ellos, no estaban de acuerdo con que dicho número fuera sinónimo o equivalente de la Iglesia de Cristo. Esto me impresionó, por que yo nunca había estado de acuerdo con que la Iglesia de nuestro Señor hubiera quedado completa en la década de los años 1930; pues yo mismo que había nacido en 1945 me consideraba parte de la iglesia de Cristo y año tras año participaba de los símbolos del pan y del vino cuando celebrábamos la Cena del Señor.

Una carta de la Sociedad produce un fuerte impacto en mí

Como yo había sido requerido de nuevo para servir como superintendente de circuito sustituto o eventual, también recibí en noviembre de 1982 una carta circular de la Sociedad *Watchtower* dirigida a todos los superintendentes de circuito y distrito. La carta con fecha del 20 de diciembre de 1980 era sin duda un intento de salir al paso respecto de la situación que se estaba creando por la disconformidad sobre puntos de capital importancia en las altas esferas. Se estaba impartiendo instrucciones al objeto de impedir, al mayor grado posible, la difusión de las ideas de inconformidad respecto a la fecha de 1914; quiénes realmente componen la Iglesia de nuestro Señor Jesucristo según la Biblia; si Dios tiene una organización hoy día con su Cuerpo Gobernante; y si dicha organización está compuesta exclusivamente por los Testigos de Jehová; etcétera.

Las nuevas instrucciones que se impartían en esta carta con la intención de "proteger el rebaño" causaron profunda preocupación en mí. En la página 2, bajo el subtítulo "PROTEGIENDO EL REBAÑO", se dijo exactamente esto a los superintendentes de circuito y distrito: "Tened presente que, para ser expulsado, un apóstata no tiene que ser necesariamente un promotor de puntos de vista apóstatas ... si un cristiano bautizado abandona las enseñanzas de Jehová, como las presenta el esclavo fiel y discreto, y persiste en creer otra doctrina a pesar de la censura bíblica, está apostatando ... si después de haber hecho estos esfuerzos continúa creyendo ideas apóstatas y rechaza lo que se le ha provisto a través de la clase del 'esclavo', entonces debe tomarse la acción judicial apropiada".

En el ínterin, a la luz de estas instrucciones, dos cosas fueron motivo de gran preocupación para mí. Primero, el que se usara la enseñanza e interpretación de dicho 'esclavo' de la Palabra de Dios en el mismo nivel de autoridad de ésta; y segundo, según esas últimas declaraciones e instrucciones, yo mismo era un apóstata, puesto que profunda y sinceramente no estaba de acuerdo con ciertas enseñanza importantes provenientes de tal 'esclavo' a través de La Atalaya, ya que sinceramente las encontraba en disconformidad con Las Sagradas Escrituras.

Evidentemente yo estaba siendo fuertemente espoleado. Ya por largo tiempo no había estado de acuerdo con ciertas enseñanzas de la Sociedad. Ahora los rumores sobre las inquietudes en las oficinas centrales en Brooklyn, Nueva York, habían añadido en mí, incentivo para investigar en mayor profundidad sobre aquellos puntos con

ASOCIACION DE LOS

TESTIGOS DE JEHOVA

CALLE PARDO 65 - BARCELONA-16

TELEFONOS:
(93) 349 1316 CENTRAL
(93) 351 4451 ENVIOS
(34-3) 349 1316 INTERNACIONAL

SC:SSB   20 de diciembre de 1980

A TODOS LOS SUPERINTENDENTES DE CIRCUITO Y DISTRITO

Queridos hermanos:

La mayoría de vosotros ya habéis tenido la asamblea "Separados del mundo". ¿Verdad que ha sido una información excelente y estimuladora para todos nosotros? Estamos al tanto del magnífico trabajo que estáis haciendo, tanto vosotros como vuestras esposas, siendo excelentes ejemplos del vivir cristiano y estimulando a los hermanos a no ser parte del mundo (Juan 17:14). Cuanto más unido se mantenga el pueblo de Dios, menos será afectado por el espíritu del mundo, y es por eso que vuestro trabajo, impulsado por un corazón lleno de amor a Jehová y al prójimo, añade incentivo para desplegar amor, este "vínculo perfecto de unión" que nos ayuda a permanecer unidos a pesar de las limitaciones y deficiencias que manifestamos (Col. 3:12-14).

Podéis estar seguros de que vuestro ejemplo amoroso edifica y fortalece la fe de los hermanos a los que servís. Nos da mucha alegría deciros que hemos recibido varias cartas informándonos del amor que vosotros y vuestras esposas habéis desplegado. Un cuerpo de ancianos, escribiendo sobre su superintendente de circuito, dijo: "(él) está verdaderamente dedicado a hacer la voluntad de Jehová... es de ayuda espiritual para todos... abordable al considerar cualquier asunto. Está dispuesto a escuchar y mostrar empatía para con los hermanos. Podremos confiar en hermanos de esta talla cuando sobrevengan problemas futuros que sabemos que vendrán".

Confiad en que los hermanos atesoran vuestra amistad, asociación y amor cuando genuinamente cuidáis de las cosas que tienen que ver con ellos' (Fili. 2:19-23, 29). Así pues, continuad esforzándoos por tratarlos amorosamente. Nunca los presionéis o regañéis. Tomad la delantera, trabajad con ellos, exhortadlos según sus necesidades. Sed pacientes si el progreso parece lento. Este trato amoroso y paciente refrescará a los hermanos (Mateo 11:28-30).

PROTEGIENDO EL REBAÑO

Una responsabilidad principal del superintendente al ' pastorear el rebaño de Dios bajo su custodia' es protegerlo de los peligros (Hechos 20:28). Hechos 20:29 y 30 indica que los hombres que apostatan pueden constituir uno de esos peligros. Hay un buen estudio de este tema en "La Atalaya" del 1 de agosto de 1980. Conviene que os familiaricéis a fondo con el contenido de ambos artículos de estudio. Animad especialmente a todos los ancianos y siervos ministeriales a hacer lo mismo. Muchos de vosotros ya habéis incluido puntos clave de estos artículos en el programa "Continúa en las cosas que aprendiste".

los que los llamados "apóstatas" no estaban de acuerdo. Y quería hacerlo a la luz de la Biblia solamente. Entonces, aquellas últimas instrucciones (carta de 20 de diciembre de 1980) llenaron mucho más el vaso de la medida de lo que se debe o puede soportar y tolerar. Así que, determiné comenzar un estudio bastante exhaustivo y minucioso de las enseñanzas principales que la Sociedad *Watchtower*

A todos los superintendentes de circuito y distrito
20 de diciembre de 1980
Página 2

Ayudad a los ancianos a discernir entre el que es un apóstata perturbador y el cristiano que se debilita en la fe y tiene dudas (2 Ped. 2; Jud. 22, 23). Al primero tiene que tratársele con resolución después de esfuerzos continuados por reajustarle (2 Juan 7-10). Por otra parte, al débil en la fe debe ayudársele paciente y amorosamente a conseguir conocimiento exacto que fortalecerá su fe.

Tened presente que, para ser expulsado, un apóstata no tiene que ser necesariamente un promotor de puntos de vista apóstatas. Como se menciona en el párrafo 2, página 17, de "La Atalaya" del 1 de agosto de 1980, "la palabra 'apostasía' viene de un término griego que significa 'el colocarse fuera de', 'un apartarse, defección', 'rebelión, abandono'". Así pues, si un cristiano bautizado abandona las enseñanzas de Jehová, como las presenta el esclavo fiel y discreto, y persiste en creer otra doctrina a pesar de la censura bíblica, está apostatando. Deben hacerse esfuerzos bondadosos y continuados por reajustar su forma de pensar. Sin embargo, si después de haber hecho estos esfuerzos continúa creyendo ideas apóstatas y rechaza lo que se le ha provisto a través de la clase del 'esclavo', entonces debe tomarse la acción judicial apropiada.

Esto no quiere decir que vosotros o los ancianos debéis ir 'a la caza de brujas' por decirlo así, investigando las creencias personales de los hermanos. Más bien, si llega a la atención de los ancianos algo de razonable importancia en este sentido, sería apropiado indagar bondadosa y discretamente para proteger el rebaño. Nunca enfatizaremos demasiado la necesidad de ser precavidos, discretos y bondadosos al atender estas situaciones (Sant. 1:19, 20).

COOPERACION ENTRE LOS CUERPOS DE ANCIANOS

En algunas de nuestras ciudades más grandes se ha notado que, en ocasiones, cuando se descubre un mal, varias congregaciones pueden estar implicadas. Si tal es el caso, se necesita una completa cooperación entre los cuerpos de ancianos de las congregaciones afectadas. Los ancianos deberían estar alerta a la necesidad de comunicar rápidamente a los cuerpos de ancianos de las congregaciones cualquier información acerca de publicadores en sus congregaciones que puedan hacer necesaria una investigación.

Los que imprudentemente hayan participado en mala conducta necesitan que se les ayude inmediatamente. Cualesquiera que se hayan dejado endurecer en el pecado necesitan ser censurados severamente y si no responden favorablemente deben ser expulsados de la congregación. Os sería provechoso poner sobre aviso a los cuerpos de ancianos de vuestros circuitos en cuanto al material que se os presentó en el cursillo que se celebró en febrero de 1980, en el bosquejo número 13, bajo el encabezamiento ("Los ancianos aún necesitan ayuda al tratar problemas que surgen entre congregaciones") Se les debe comunicar rápidamente a los ancianos de la congregación afectada cualquier información necesaria y disponible.

Conviene que ayudéis a los ancianos a sentir intensamente la obligación que tienen delante de Dios de impedir que el mal se infiltre y extienda dentro de la congregación (1 Cor. 5:6-8).

---

sostiene, a la luz de diferentes traducciones de la Biblia, así como de diferentes comentaristas y exégetas. Puesto que una carta que recibí en diciembre de 1982 me comunicaba un nuevo cambio de asignación, tuve que retrasar unos meses tal examen sobre normas y doctrinas. Dicha carta (adjunta a continuación) parece indicar que la Sociedad no tenía sospechas de mi verdadera situación interna.

```
┌─┐
│ ████ │
├─┘

      ASOCIACION DE LOS
TESTIGOS CRISTIANOS DE JEHOVA        TELEFONOS:
                                    (93) 312 0111 CENTRAL
      CALLE PARDO 65 - BARCELONA-16  (93) 361 4451 ENVIOS
                                    (34-3) 312 0111 INTERNACIONAL
```

SC:SSB
29 de diciembre de 1982

Sr. D. Orellano Pérez Buitrago
c/. Ciudad Rodrigo, 7, 1º
CORIA   (Cáceres)

Querido hermano Pérez:

    Con esta carta tenemos el placer de comunicarte un cambio
de asignación como precursor especial. Hemos hecho ajustes para que sirvas en Badajoz capital a partir del día 1 de febrero
de 1983.

    En Badajoz encontrarás una congregación de más de setenta
publicadores. A tu llegada solo habrá dos ancianos, los hermanos Julián Bueno Gómez y Fernando Cordero Najarro, ya que el
hermano José María Peláez Peláez recibirá una nueva asignación
para el 1 de febrero. Tendrás la oportunidad de servir con estos dos ancianos que ya disfrutan de la colaboración de seis
siervos ministeriales.

    En cuanto a tu esposa, no nos es posible por el momento
ofrecerle el precursorado especial dada la corta edad de vuestro hijito. Sin duda la atención que reciba de tu esposa sin
que se vea mermada por el apretado horario de un precursor especial será vital para su desarrollo emocional.

    Deseamos expresarte lo mucho que apreciamos tu fiel labor
en las filas de nuestros precursores especiales y también como
anciano. Nos alegra mucho contar con hombres como tú en el
servicio de tiempo completo. Que Jehová te bendiga ricamente
a ti y a tu familia, mientras seguimos a tu lado muy activos
en la obra del Señor.

                              Tus hermanos,

                              Asociación de los
                         Testigos Cristianos de Jehová

Copias: Sr. D. Julián Bueno Gómez
          Altozano, 5, 1º, izda.
          BADAJOZ
          (Teléfono 23.31.10)

          M. Torrens,
          circuito Extremadura núm. 1.

41

Cambio de asignación a Badajoz, capital de la provincia del mismo nombre: tiempo de decisión

Una vez ya establecidos comencé un estudio meticuloso respecto a las normas y doctrinas de la Sociedad a la luz de la Biblia. Pero ¡aguarde! Casi simultáneamente comencé a ser objeto de atención y crítica por el hecho de considerarme uno de los ungidos, de los 144.000. Llevando pocos meses en la congregación de Badajoz, el superintendente de circuito que nos visitaba por una semana mencionó en uno de sus discursos sobre lo impropio de que existieran comentarios en torno a la persona que participaba de los emblemas allí.[13] Unos meses más tarde con motivo de la correspondiente reunión del consejo de ancianos de la congregación alguien manifestó abiertamente su preocupación debido a comentarios tendentes a adular mi posición como miembro ungido del cuerpo de Cristo. No obstante, traté de darle más relevancia al asunto cuando, más tarde, en una asamblea de circuito de todas las congregaciones de Extremadura, un "anciano" de cierta congregación me abordó con una franqueza de expresión inusitada señalando su gran preocupación por el hecho de que yo todavía me considerara de los 144.000 y siguiera tomando de los símbolos anualmente en la reunión Memorial de la muerte de Cristo. Me comunicó que había compartido su preocupación con varios superintendentes de circuito y que tenía que darle un resumen de la conversación que acabábamos de tener al superintendente de circuito de turno.

Finalmente pude ver claramente que mi posición como miembro ungido del cuerpo de Cristo estaba en cierne, en entredicho. Pude discernir que el asunto venía de "arriba", de esferas más altas. De hecho, en los últimos años, allá en Brooklyn, Nueva York, habían comenzado a participar de la Cena del Señor, Testigos que lo eran por muchos años y que ocupaban puestos de mucha prominencia incluso en las oficinas centrales de la Sociedad. Todo esto, que en aquel entonces eran rumores, lo tuve confirmado más tarde. Creo que las mismas estadísticas de la Sociedad reflejan bien este asunto, tal como a continuación ilustro:

Anuario para:	Año de servicio:	Participantes emblemas:
1978	1977	10.080
1979	1978	9.762
1980	1979	9.727
1981	1980	9.564
1982	1981	9.601

Como bien se puede apreciar en esta tabla, la tónica de ir mermando el número de los participantes de los símbolos en al cena del Señor se encuentra con una excepción en el año 1981. No solamente no mermó el número de los participantes al Memorial ese año, sino que aumentó de 9.564 a 9.601 en un incremento de 37. Esto, evidentemente, causó alarma. Se tenían que dar pasos para corregir dicha tendencia.

Tan sólo en *La Atalaya* del 1 de febrero de 1982 salieron los siguientes temas: "El 'nacer otra vez' se hace popular", "El propósito de Dios tras el hacer que algunos 'nazcan otra vez'", "El 'nacer otra vez' ... la parte que desempeña el hombre y la que desempeña Dios" y "Lo que al nacimiento de la nación ha significado para la humanidad".

En estos artículos se recalcaba que la Iglesia de Cristo la componen tan sólo 144.000 miembros y que hoy queda solamente un pequeño resto de dicho número que se halla exclusivamente entre los Testigos. En las Atalayas 1 de febrero y 1 de noviembre de 1982 se repetía la idea de que para el año 1935, el número 144.000 (la iglesia del Señor) debía ya estar completo. Se llegó a decir que la recompensa celestial no era algo "que se hubiera de desear egoístamente" (Atalaya 1 de febrero de 1982, página 21).

Los rechazos a mi posición sostenida de ser miembro de la Iglesia de nuestro Señor Jesucristo continuaron. El rechazo venía siempre de personas en puestos de responsabilidad. Creo sinceramente que nunca me sentí presionado por alguien que no ocupara algún tipo de liderazgo en forma alguna, en este sentido. Proseguí pues mi investigación seria y sincera respecto a normas y doctrinas de la Sociedad. Una imperiosa necesidad me empujaba a hacerlo. A la vez, lo hacía bajo oración y considerando la Palabra de Dios como la única autoridad válida en todo caso. Primero una gran angustia se iba apoderando de mí a medida que veía con claridad que había estado engañado en cosas fundamentales. Las oraciones eran cada vez más profundas a mi Dios: ¡Muéstrame tu brazo —le decía reiteradas veces—, oh Jehová, ¡cuánto te necesito! Las palabras de Santiago 1:5, 6 tal como rezan en la Traducción del Nuevo Mundo asaltaban constantemente a mi mente y corazón: "Si alguno de ustedes tiene deficiencia en cuanto a sabiduría, que siga pidiéndole a Dios, por que él da generosamente.... Pero que siga pidiendo con fe, sin dudar nada". Puesto que yo pedía con plena fe, esperaba una respuesta plena también.

Debido a que había sido y seguía siendo presionado seriamente por considerarme de los ungidos con esperanza de vida celestial, el primer tema que fue objeto por mi parte de profunda investigación tuvo que ver con el de la Iglesia de Jesucristo. ¿Era posible que literalmente 144.000 miembros la compusieran? Si para el año 1935 ya se había completado dicho número, ¿no habría habido muchos más que 144.000 cristianos fieles desde el Pentecostés hasta esa fecha? ¿Se podía probar con la Biblia que a partir de 1935 empieza la "gran muchedumbre" de cristianos, que a pesar de ser verdaderos creyentes, no habrían de formar en nuestro tiempo parte de la Iglesia de nuestro Señor? Puesto que C. T. Russell murió bastantes años antes de 1935, ¿sostenía él mismo dicho concepto?

Empecé, pues, un estudio minucioso que duraría varios años. Con sólo la Biblia[14] y el bendito recurso de la oración de fe, llegué a la conclusión de que desde que Jesús fundó su Iglesia hasta nuestros propios días y hasta que él venga— todos aquellos que creyeran y aceptaran de corazón a Jesucristo, el Hijo de Dios, tenían potestad de ser hechos hijos de Dios (Juan 1:12), y como hijos, herederos de Dios 'y coherederos con Cristo al objeto de ser glorificados juntamente con él (Romanos 8:17). Comprendía plenamente que en esta dispensación —hasta que él venga, no hay dos clases de cristianos, unos justificados por fe como hijos de Dios y otros no, unos con la esperanza de recibir un cuerpo glorioso al lado de su Señor mientras que los otros no recibirían jamás un cuerpo incorruptible para estar siempre con él (Efesios 4:4).

Por mi lectura del libro escrito por C.T. Russell (organizador de la Sociedad *Watchtower* y de la revista La Atalaya) *El plan divino de las edades,* publicado por la Sociedad *Watchtower* en el año 1886, me di perfecta cuenta de que Russell no entendía que la Iglesia de Jesucristo constara de tan sólo 144.000 miembros. Al contrario, él estimaba que en su propio día la Iglesia verdadera estaba formada por bastantes centenares de miles de miembros más. Entonces —me preguntaba— ¿cuándo y porqué hubo un cambio tan radical de información al respecto? Había una manera de saberlo. En mi biblioteca tenía una cantidad importante de libros antiguos de la Sociedad, posteriores a Russell que, sin lugar a dudas, satisfarían plenamente esta lógica curiosidad mía. De manera que empecé un estudio meticuloso de los siguientes libros, todos publicados por la Sociedad:

Título	*Año de su publicación*
Reconciliación	1927
Gobierno	1928
Luz I	1930
Luz II (Sobre el Apocalipsis)	1930
Vindicación I	1931
Riquezas	1936
Enemigos	1937
Salvación	1939
Hijos	1941
El nuevo mundo	1942
La verdad os hará libres	1943

Los libros de ahí en adelante ya los conocía; ahora bien, ¿qué me revelaron aquellos otros que acabo de mencionar? Aparte del tema de la iglesia, hallé cosas que no imaginaba hubieran sido enseñadas jamás por la Sociedad.

Se quiebra definitivamente mi confianza en el llamado "esclavo fiel y discreto" o "profeta que Dios usa hoy"

Me sorprendió sobremanera llegar a saber que el año 1874 fue por décadas considerado el año de la vuelta o segunda venida de Cristo, claro, de una forma invisible. Hoy, los Testigos afirman contundentemente que dicha segunda venida o presencia de Jesucristo corresponde a 1914. Se dice que Dios envió más luz a su pueblo y que esa luz aumentada señaló al año 1914, en vez de 1874, como el tiempo de su segunda venida. Hablando de fechas pude ver que el año 1914 había sido señalado como el año en que vendría el Armagedón, el fin del mundo, y, por lo tanto, los Testigos de entonces —como remanente de la Iglesia— se irían al cielo para estar con el Señor. Pero, de nuevo, 'luz divina' aumentada señaló después que el fin del mundo, en cierto modo, de cierta manera legal, sí ocurrió o comenzó a ocurrir en ese año.

Vine a saber que por ciertos cálculos extraños se llegó a la conclusión de que el año 1925 era un año especialmente señalado. Se mencionó que la edificación del Templo real de Dios empezó en 1918 y que, como en el caso del templo que edificó Salomón debería estar completo siete años después del inicio. El cálculo, pues, era simple: 1918 +7= 1925. Esta pretendida "nueva luz" se volvió tinieblas cuando en el año 1925 nada pasó en cuanto a las expectativas creadas de que en ese año la Iglesia se iría a "Casa" (el cielo). Fue tan fatal este error para la Sociedad *Watchtower,* que, de los más de 90.000 Testigos en el año 1925, tan solo pudieron registrar las estadísticas de la Sociedad 17.380 en el año de 1928. Más de dos terceras partes de sus miembros habían sido desengañados, abandonando la organización.

En el curso de dicha investigación me costaba mucho trabajo creer que ciertas enseñanzas explicadas y sostenidas por Russell fueran, posteriormente, tildadas como enseñanzas de demonios por el mismo J. F. Rutherford el presidente sucesor de Russell en la administración de la Sociedad *Watchtower*. Aunque al principio de su mandato se mostró muy cauto respecto a la persona de Russell, después usaría una claridad de expresión inusitada respecto de la enseñanzas de aquél mientras él revelaba lo que él mismo entendía como luz aumentada. Paradójicamente, años después de la muerte del señor Rutherford se volvieron a enseñar en La Atalaya como cosas positivas enseñando que sostuvo Russell y que Rutherford había considerado demoniacas. De nuevo la razón para estos ajustes en el entendimiento, se dieron con el pretexto de "luz aumentada".

Aunque en varias ocasiones oí decir que el señor Rutherford había mandado construir una casa para ser habitada por los príncipes (hombres fieles de antes de Jesucristo) cuando resucitaran antes del Armagedón, confieso que nunca lo creí; siempre había considerado esto una calumnia más, algo inventado por nuestros enemigos. ¡Qué sorpresa me llevé cuando no solamente vi esto escrito en uno de los libros que antes mencioné, sino al ver incluso la fotografía de tal casa en dicho libro! Se dijo literalmente: "Es de esperarse que los hombres fieles de la antigüedad vengan de la tumba de un momento a otro".

Todas estas cosas y muchas más que se podrían citar, era lo que fui encontrando mientras buscaba información en cuanto al tema de la Iglesia de Cristo y los 144.000.

En verdad era ese el asunto que más me preocupaba y que motivó el que yo investigara en la propia literatura de la Sociedad, respecto a los cambios habidos sobre el particular a través de los años, así como de las razones bíblicas que se hubieran podido aducir en su momento para justificarlos. No obstante, la realidad fue que mientras buscaba información en ese sentido, encontré cosas que no había siquiera imaginado, pero que sin duda alguna me llevaron a comprender mejor que nunca lo que ya la Palabra de Dios dijo hace mucho tiempo: "Maldito el varón que confía en el hombre, y pone carne por su brazo.... Bendito el varón que confía en Jehová, y cuya confianza es Jehová"

(Jeremías 17:5, 7). Si yo me encontraba ahora en una situación de confusión y hasta de angustia, atrapado, era sin duda alguna porque había puesto excesiva confianza en el hombre. Ahora constantemente me dirigía a Dios en oración y le decía "Ayúdame, tú puedes hacerlo y vas a hacerlo".

Por supuesto en el progreso de la investigación de toda la literatura de la Sociedad que antes mencioné, pude ver cómo en el transcurso del tiempo fue cambiando el enfoque y entendimiento de lo que la Iglesia de Jesucristo era. En primer lugar, el señor Russell no limitó la Iglesia a tan sólo 144.000 miembros. Posteriormente se señaló que la "gran muchedumbre" mencionada en Apocalipsis 7:9 era parte de la descendencia de Abraham, que formarían parte de la Iglesia aunque no formarían parte de El Cristo en gloria. Se señaló que era una clase secundaria de cristianos; no obstante con esperanza de vida celestial. Finalmente, dicha "gran muchedumbre", ni era descendencia de Abraham, ni parte de la iglesia ni tendrían esperanza de vida celestial. Serían una clase de cristianos que convivirían al lado de los cristianos miembros de la iglesia, pero sin ser ellos mismos parte de ella. Unos celebrarían la Cena del Señor, mientras que los otros se limitarían a observar los símbolos del pan y el vino mientras pasaban de unas manos a otras. Con toda honestidad y sinceridad, pues, llegué a la conclusión de que las pruebas bíblicas brillaban por su ausencia. Todo esto se fue aceptando en su momento porque se consideró 'la verdad de turno' emanada del "esclavo fiel y discreto" (representado por el remanente de los 144.000 en la tierra), en el cual se cifró y se cifra todavía verdadera confianza. Así, pues, yo había aceptado ciertas cosas, no porque había tras ellas prueba bíblica contundente, sino porque creí en el "esclavo fiel y discreto".

El asunto llegó a su clímax. No dudé de que hubiera en las altas esferas personas sinceras y llenas de buenos propósitos. Las habrá allá y en muchos otros lugares también. Sin embargo, llegué a la plena convicción de que no existía tal "esclavo fiel y discreto" en la forma en que se me había enseñado. Vi claramente que tal "esclavo" había cambiado enseñanzas fundamentales de las Escrituras y profetizado en falso en demasiadas ocasiones. Y es que no se trataba de meras especulaciones o puntos de vista. Me sorprendía, vez tras vez, la contundencia con que se hacían las declaraciones proféticas, y eso, pese al registro de errores que en este sentido precedía a cada nueva declaración. En este sentir seguí siendo miembro de la organización, por cierto tiempo, sólo en el sentido físico de la expresión. Explicaré el porqué y cómo algunos se percataron de ello.

Se evidencia mi nueva forma de pensar y levanta sospechas

De la misma manera que cuando un joven se enamora de una muchacha y viceversa, otros, por más que ellos disimulen, se percatarán con el tiempo de ello, así se puede decir que ocurrió en mi caso. Cuando yo pude ver con claridad que Dios hoy día no está usando un cuerpo de hombres que lo representen con una clase de profeta o como el llamado "esclavo fiel y discreto", esto hizo que yo me afianzara como nunca antes a la oración y a las Sagradas Escrituras. Había llegado el momento en que las normas y procedimientos meramente humanos eran repelidos por mí de una forma natural y expontánea. Esto sin duda repercutió y se notó a medida que me movía en diferentes facetas de mi servicio como Precursor y "anciano" en la congregación en la que servía .

A modo de ilustración, cuando dirigía el estudio de *La Atalaya* anulaba prácticamente algunas cosas casi por completo resaltando solamente aquellos puntos que yo entendía podían ser prácticos en la vida espiritual de los que escuchaban. Cuando se me asignaba algún tema que desarrollar respecto a cómo ofrecer suscripciones, revistas ofertas, etcétera, incluso con demostraciones de cómo se debían presentar al público en tales casos, enfatizaba la importancia de usar la Palabra de Dios como una "espada de dos filos" y que por tanto es lo que tiene verdadero poder. Quería enfatizar que lo importante es el mensaje bíblico y no una determinada literatura con un enfoque con el que, en líneas generales yo ya no podía estar de acuerdo. Cuando asignaba parejas para ir a predicar casa por casa, procuraba ser lo más práctico posible (había quienes enfatizaban que se debía enviar a este servicio a hombre y mujer). Sin embargo para mí fue muy evidente que muchas mujeres se sentían incómodas y tímidas cuando se las asignaba con hombres —especialmente si éstos eran casados—. Así que en ciertos casos concretos no dudaba en asignar a ciertas señoras con personas de su sexo. Llegué a ser fuertemente criticado por personas en puesto de responsabilidad tan sólo por este simple detalle. La consigna de algunos parecía ser: "normas son normas".

Tal vez donde más se notó mi cambio de actitud sobre asuntos para mí vitales fue en las mismas reuniones periódicas que teníamos como consejo de "ancianos". Pensando que en verdad gozaba de cierta 'inmunidad parlamentaria' me sinceré bastante con estos compañeros míos en ciertos asuntos. Sobre todo, hubo "revuelo" cuando se trató un asunto de índole moral que parecía implicar a bastantes personas de la congregación. Tres cuartas partes del cuerpo de ancianos determinó que había que actuar en cierta forma a favor de la paz y de la salud espiritual en general. Al final, la sede de la Sociedad en Madrid tomó las decisiones que consideró oportunas basándose en testimonios de personas que no eran de nuestra congregación sino de otros lugares. En esa ocasión dejé claro —aunque sé que molestó— que nadie mejor que la congregación local y sus "ancianos" podría conocer la verdadera situación de lo que pasaba en "casa". ¿Cómo podían personas de afuera, ajenas a las circunstancias, tener verdadera conciencia de esas cosas? ¿Cómo podían a centenares de kilómetros del lugar de los hechos tener el verdadero pulso de la situación? A mi juicio estaba bien que opinaran, sugirieran, no obstante la decisión final debía yacer en la iglesia o congregación local. Por lo tanto mi opinión franca sobre estos asuntos se consideró una de rebeldía y en contra de la "teocracia". Pero yo estaba convencido, más que nunca, de que tal tipo de "teocracia" indudablemente no era bíblico.

En otras facetas seguía actuando en conciencia también. Cuando predicaba casa por casa iba prácticamente con la Biblia en la mano en vez de con la literatura de la Sociedad. Cuando llevaba estudios bíblicos con personas o familias usando el libro indicado por la organización para ello, pasaba a veces capítulos enteros y no los estudiaba con mis estudiantes ya que yo mismo no estaba de acuerdo con la información suplida en determinados temas. Claro, la persona que me acompañaba de una u otra manera se percataba del asunto. Finalmente todo este cúmulo de cosas llevó a que en la sede de la Sociedad en España se recibieran informes que cuestionaban mi plena integridad y lealtad a la organización, sus enseñanzas y su normas.

Todas estas cosas llegaron, por decirlo así, a su cenit en el transcurso del año 1985. Este fue un año de mucha investigación y oración por mi parte. Desde la terraza del lugar donde vivía seguía pidiendo a Dios: "Muéstrame tu brazo". Sabía que El lo haría de una forma satisfactoria. Además, bajo cuerda, contacté para intercambiar opiniones de temas bíblicos a personas de otras denominaciones. Iba solo o con un niño a estas visitas. Por fin la Sociedad decidió cambiarme de asignación a otro lugar donde otros "ancianos" ya muy advertidos, escrutaran mis actitudes.

Plasencia (Cáceres): el desenlace final

Poco se sospechaba, para el tiempo en que la Sociedad nos notificó sobre un nuevo cambio de asignación, que tiempo atrás yo había ya reconocido abiertamente ante Dios que la salvación estaba directamente relacionada con la fe en el sacrificio expiatorio de Cristo Jesús en vez de por apego a determinada organización y a sus normas. Poco se podía sospechar, claro está, que por tiempo, en mis oraciones a Dios ya había descartado el término "tu organización" para referirme a la Sociedad *Watchtower* y a los Testigos en general. Razonaba que Cristo me había comprado con su sangre preciosa. Entonces, ¿qué grupo de personas, por "buenas" que fueran, podría acreditar que la salvación estaba precisamente allí, con ellas mismas como organización?

Así, fue con estos sentimientos y entendimiento de las cosas, que me trasladé con mi familia a Plasencia. Aunque confiaba en la ayuda divina —la cual seguía pidiendo constantemente en oración—, en mi mente, no obstante, había importantes interrogantes. ¿Encontraría pronto un trabajo seglar que me permitiera notificar lo más pronto posible a la Sociedad mi cese como ministro de tiempo completo? ¿Cómo respondería mi esposa al enfoque del evangelio desde una perspectiva netamente bíblica? ¿entenderá que es por auténtica fe en Cristo nuestro Salvador que se llega a ser miembro de la familia de Dios y miembro de su iglesia? ¿Cómo responderían otros Testigos a quiénes me unía estrecha amistad cuando comentara con ellos las convicciones a la cuales yo había llegado basado en la Biblia? No había duda, necesitaba tiempo, pero sobre todo, ' buena mano de mi Dios' (Esdras 8:22).

Escasos días después de haber llegado a Plasencia, algunos Testigos por los que todavía guardo sentimientos de aprecio y gratitud, me notificaron acerca de un discurso pronunciado pocos días antes de nuestra llegada por un anciano, referente a la participación de los emblemas en la Cena del Señor que contenía aclaraciones y advertencias veladas en cuanto a si alguien sí participaba de ellos. Naturalmente, consideré esa circunstancia como parte del intento de desprestigiar mi posición como miembro del cuerpo de Cristo, su iglesia. Vi una clase de temor agazapado detrás de todo esto. En cierta forma mi esposa se estaba percatando de ello también. En realidad, dentro de poco yo tendría que explicar con toda franqueza mi criterio a tales ancianos de la congregación. Pero antes estaba mi esposa, inevitablemente, en el orden de los acontecimientos. De no guardar yo ese orden de las cosas, bien podría ser considerado apóstata, y mi esposa, tal vez bajo un ciego sentido de lealtad, se negara a tratar conmigo cualquier asunto bíblico, en obediencia a las instrucciones vigentes en la organización.

Oré mucho; traté de prepararme lo mejor que pude y, una noche cuando nuestros hijos dormían, empezamos con toda franqueza una consideración bíblica sobre quién y porqué debe ser considerado hijo de Dios, quiénes podrían formar parte de la iglesia del Señor y cuáles deberían ser sus expectativas de vida futura. Pasaron semanas. Hubo consternación y llanto. Mi esposa se aferraba más y más a la oración. Las conversaciones basadas solamente en la Biblia continuaron y, todo esto, con la ayuda de lo alto, dio fruto precioso. Finalmente, ella reconoció que *"todo aquel que cree que Jesús es el Cristo, es nacido de Dios"* (Romanos 5:1). Entendió que "si hijos también herederos, herederos de Dios y coherederos con Cristo.... para que juntamente con él seamos glorificados" (Romanos 8:17). Se percató pues, enteramente, de que ella misma por la fe era miembro de la familia de Dios y por consiguiente parte de la iglesia de Jesucristo con expectativas gloriosas de vida. Por mi parte debo confesar que dicha circunstancia constituye una de las más preciosas emociones habidas en mi vida. A Dios doy infinitas gracias por ello. Desde entonces ambos seguimos orando por nuestro hijo mayor que se casaría pronto con una muchacha también Testigo. El optó por seguir en la organización en la cual nosotros mismos le habíamos embarcado.

Posteriormente contacté discretamente a contadas personas de la congregación con las que verdaderamente teníamos amistad. En charlas privadas compartimos con estas personas lo que nosotros mismos habíamos hallado en las Escrituras. De hecho, la misma *Atalaya,* en su número del 15 de junio de 1974 nos había señalado que no se puede ser fiel a Dios y al mismo tiempo tapar las realidades. Era cuestión, pues, de advertir con mucho tacto, sin insistir indebidamente, a la persona apropiada y en el momento conveniente. Fue así como razonamos las cosas en su momento. De cualquier manera, sin embargo, se descubrió que manteníamos alguna conversación privada en este sentido y todo llevó rápidamente a que yo fuera considerado apóstata, y poco después mi esposa fue tratada del mismo modo también.

Para el tiempo en que fui considerado apóstata por los "ancianos" de la congregación de Plasencia, yo había encontrado ya trabajo seglar como auxiliar administrativo en una pequeña empresa de un Testigo de dicha ciudad.

Me unía cierta amistad con este Testigo. Entonces me dijo que no podía continuar trabajando con él. Traté de razonar calmadamente con él, pero me señaló que debía seguir las instrucciones de la Sociedad.[15] Para mí era totalmente evidente —por el fruto de la conversación— que él había sido presionado por los "ancianos" a tomar dicha determinación. Le señalé que no le guardaría en absoluto rencor por dicha actuación de su parte, y verdaderamente eso sigue siendo cierto hasta este día. Es para mí muy claro que muchos Testigos se someten a medidas de esta clase en contra de su propia voluntad y conciencia. Ellos son víctimas de una triste situación: pertenecen a una organización que se proclama el único "profeta" de Dios para nuestros tiempo y que no obstante es, por mucho, dirigida por hombres y normas humanas. Quienes se percatan de ello y buscan humildemente ayuda de Dios, finalmente se dan cuenta de este hecho: La verdad, y la salvación del hombre no están en estructuras humanas; no está la salvación en sistemas religiosos ni en organizaciones de ningún tipo por mejor estructuradas que estén. (Compare con Juan 8:31, 32; 14:6; Hechos 4:11, 12). La verdadera libertad y la salvación están en Cristo Jesús, Señor nuestro.

Considerados apóstatas, mi esposa y yo recibimos el mismo trato que se da a cualquier persona expulsada de la organización, es decir, nadie de la congregación debía dirigirnos la palabra ni darnos un saludo; ni siquiera un sencillo "hola". (Si alguien de la congregación persiste en violar dichas normas, él mismo debe ser expulsado también). Muy poco tiempo después, cartas de varios miembros de la familia indicaban que si no deponíamos nuestra actitud cortarían toda correspondencia con nosotros. Entonces, rumores sin fundamento y calumnias empezaron a circular. Finalmente, ante la congregación a la cual se haya pertenecido queda una reputación totalmente dañada y denigrada de uno. Así y de otras maneras hemos sido sometidos a tremendas pruebas y fuertes presiones sicológicas. Pero alguien nos ha sostenido. Las palabras del Salmo 27:10 han venido constantemente a nuestra memoria como si fueran una caricia de nuestro amoroso Padre celestial: "Aunque mi padre y mi madre me dejaran, con todo, Jehová me recogerá".

Sabiendo que había personas en Plasencia que reconocían plenamente y de corazón que Cristo murió por nosotros; que él ha hecho todo lo que es necesario para nuestra salvación y que dicha salvación es por fe en su nombre, nos unimos a ese puñado de creyentes para junto con ellos, con toda sencillez y corazón sincero, alabar a Dios. Junto con ellos y con muchos otros verdaderos creyentes de alrededor del mundo, nos identificamos, no como los que pertenecen a determinada religión u organización, sino como los que pertenecen a aquel que nos compró con su preciosa sangre.

Ahora es nuestro entendimiento que si alguien verdaderamente confiesa con su boca que Jesús es el Señor, y cree en su corazón que Dios lo levantó de entre los muertos, tal persona en realidad es parte del pueblo de Dios, de la familia de Dios. Por la fe y por la gracia ha recibido la potestad de ser hecho hijo de Dios. Ya el pecado no reina en él. Ha habido un cambio de régimen, de modo que ahora sirve bajo el régimen nuevo del Espíritu y no bajo el régimen viejo de la letra. Se trata ahora de una nueva criatura para andar, también, en vida nueva. (Ver Romanos 6:12, 13; 7:6; 10:9, 10).

Hoy doy gracias a Dios porque me ha permitido entender con claridad que una persona así, realmente guiada y dirigida por el Espíritu Santo, sea quien fuere y viva donde viviere, es verdaderamente mi hermano en sentido espiritual y ambos de necesidad somos miembros de la iglesia de nuestro Señor Jesucristo. Si resulta que alguien cuenta en la iglesia sólo en sentido oficial pero no real, descanso y confío en saber que el cabeza de la iglesia lo sacará a la luz a su debido tiempo. Mientras tanto mi deseo genuino es identificarme con aquellos que con corazón limpio y sencillo invocan y sirven al Señor.

Ciertamente, por muchos años mi esposa y yo creíamos estar en lo que considerábamos la única organización de Dios en la tierra. Pero, puesto que le seguimos buscando de todo corazón, fuimos conducidos con la ayuda del Espíritu Santo a verdadera libertad. Esa preciosa libertad la hemos hallado en Cristo porque, como está escrito, "si el Hijo os libertare, seréis verdaderamente libres" (Juan 8:36).

1. Gálatas 1:14.
2. Ibid. 1:10.
3. De aquí en adelante los denominaré Testigos.
4. Los Testigos creen que la Biblia asigna la esperanza de vida celestial, en la presencia de Dios, a tan sólo 144.000 individuos. Puesto que creen que dicho número está ya completo desde hace varias décadas, enseñan que la esperanza que Dios coloca ante los que llegan a ser sus siervos hoy, es la de vivir en la tierra convertida en un paraíso, es decir, fuera de la posibilidad de estar en la presencia de Dios sentados en lugares celestiales con Cristo Jesús (Efesios 2:6).
5. 1 Juan 3:2.
6. 1 Corintios 13:2, 3; Colosenses 3:23.
7. 1 Pedro 3:15.
8. Mateo 28:19, 20
9. Ibid. 10:23.
10. *Asegúrese de todas las cosas*, publicado en español por la Sociedad *Watchtower* en 1960, pág. 324, primera columna.
11. Publicado por la Sociedad *Watchtower* en 1965.
12. El superintendente de circuito es un representante de la Sociedad *Watchtower* al que se le asigna visitar, generalmente, más de veinte congregaciones en el plazo de unos seis meses.
13. A la sazón yo era la única persona que participaba de los símbolos del pan y del vino en toda Extremadura. Debido a que sólo unos 8.000 lo hacen en el mundo entero, no es de extrañar que se considere tener a un "ungido" entre ellos, en su propia congregación o circuito, un privilegio.
14. Posteriormente adquirí literatura pertinente —del campo evangélico— que me ayudarían en la exégesis de ciertas porciones de las Escrituras.
15. Instrucciones en este sentido se dieron en *La Atalaya* del 15 de noviembre de 1981, página 18 y párrafo 20.

Capítulo Dos

Afirmaciones que invitan a un examen serio y profundo

Cada día son muchas las bendiciones a nuestro alrededor que son motivo de verdadera y constante gratitud y alabanza a nuestro Dios amoroso. Sin embargo, de entre todas sus dádivas preciosas dos sobresalen y brillan de una manera maravillosa: su Hijo amado que vino a dar su vida en rescate por muchos y su bendita Palabra, la Santa Biblia. ¿Apreciamos de corazón estas provisiones divinas? La verdadera libertad y el don gratuito de vida eterna dependen de ello.

Comentando sobre la primera de las provisiones arriba mencionadas, el apóstol Juan (3:18) escribe: "El que en él cree, no es condenado, pero el que no cree ya ha sido condenado, porque no ha creído en el nombre del unigénito Hijo de Dios". Y respecto a lo completa que es dicha provisión para salvación al que cree, en Hebreos 7:26 está escrito respecto de Cristo Jesús: "santo, inocente, sin mancha, apartado de los pecadores, y hecho más sublime que los cielos". Así, la Palabra de Dios no deja lugar a dudas en cuanto a que la Salvación es por la fe en el amado Hijo de Dios. No hay otro fundamento o anexo necesario a dicho fundamento. Solo él y exclusivamente él es "el camino, y la verdad, y la vida" (Juan 14:6).

¿Y qué hay de la Palabra de Dios, la Santa Biblia? ¡Es poderosa y eficaz en dirección a la libertad y salvación!

Está escrito: "Así que la fe es por el oír, y el oír, por la palabra de Dios" (Romanos 10:17). Así, vemos que la Palabra de Dios engendra fe verdadera mediante la cual , a la vez, obtenemos la justificación y paz con Dios y gracia para la salvación. Ahora bien, ¿será incompleta en este sentido la Palabra de Dios para nosotros de forma que necesite, a pesar de todo, un anexo especial que la hiciera más competente? Pero, ¡aguarde un momento! Si algo no se ciñe a la Palabra de Dios ¿qué es entonces? y, ¿para qué lo necesitamos?

Bien escribió el proverbista (Proverbios 30:5, 6): "Toda palabra de Dios es acrisolada; Dios es escudo a los que se refugian en él. No añadas nada a sus palabras, no sea que te reprenda, y seas hallado mentiroso" (Versión Moderna). Aquí se nos recuerda pues, con solemnidad, que lo que proviene de Dios es verdaderamente completo. Y, fue siguiendo exactamente esta línea de pensamiento que el apóstol Pablo escribió que "toda Escritura es inspirada por Dios ... a fin de que el hombre de Dios sea perfecto, enteramente preparado para toda buena obra" (2 Timoteo 3:16, 17). De manera que de nuevo nos planteamos las siguientes preguntas: ¿Podríamos poner escritos que no son palabra de Dios en el mismo nivel de autoridad de ésta? ¿Deberíamos concluir que de alguna manera la Biblia es insuficiente para nuestra instrucción? Con conciencia limpia ¿podríamos señalar a determinados escritos —fuera del Cánon Bíblico— y considerar esos escritos como provisión de Dios para la familia de la fe?

Actitudes pretenciosas predichas en la Biblia

Cuando consideramos las historias que la Biblia nos narra nos damos cuenta de la frecuencia con que se han levantado personas o grupos de personas ostentando lugares o puestos que no les correspondían en el arreglo de cosas de Dios. Por supuesto el primer ejemplo está en Satanás el diablo mismo. El siempre se ha opuesto a los propósitos y voluntad de Dios; sin embargo, no siempre ha usado la saña. La sutileza y el engaño cubierto de aparente nobleza han sido y siguen siendo instrumentos en sus manos. La Palabra del Dios vivo no tuvo por menos que advertir en cuanto a ello y lo ha hecho con toda claridad, oportuna y adecuadamente. He aquí algunos ejemplos:

En la ocasión en que Dios por medio de Moisés predijo que un profeta (aludiendo a Jesucristo) se levantaría de entre el pueblo de Israel, advirtió también respecto a falsos profetas que vendrían hablando en el nombre de Dios. El registro en Deuteronomio 18:20 indica que un incidente de esa clase no sería cosa leve, sin importancia. Pues el versículo en consideración dice: "El profeta que tuviere la presunción de hablar palabra en mi nombre, a quien yo no le haya mandado hablar,... el tal profeta morirá". Sí, ¡cosa muy grave es hablar presuntuosamente, sin verdadera comisión Divina, en nombre de Dios!

Conociendo perfectamente la trascendencia y lo peligroso del asunto, el Señor Jesucristo advirtió en más de una ocasión en cuanto a la importancia de vigilar respecto a impostores y, para ello, usó expresiones como estas: "Guardaos de los falsos profetas, que vienen a vosotros con vestidos de ovejas"; "Y muchos falsos profetas se levantarán, y engañaran a muchos"; "El que no entra por la puerta en el redil de las ovejas, sino que sube por otra parte, ése es ladrón y salteador".[1] Por supuesto, advertencias similares fueron dadas por otros escritores inspirados por Dios. Es como si Dios —y así estoy convencido de ello— quisiera causar una honda preocupación respecto a tal cuestión en cada uno de sus siervos fieles y leales, ¿no es verdad? Sí, todo menos indiferencia cuando las ovejas del Señor están en peligro, bajo zarandeo. Veamos cómo el discípulo Judas nos enseña la manera en que debemos estar en guardia.

Al denunciar (Judas 1:3, 4) la existencia, ya en su día, de falsos maestros entre las filas del pueblo de Dios, dijo: "Me ha sido necesario escribiros exhortandoos que *contendáis* ardientemente por la fe que ha sido una vez dada a los santos. Porque algunos hombres han entrado encubiertamente, los que desde antes habían sido destinados para condenación..." Así nos muestra que debemos estar en guardia, luchar, contender. Por supuesto, ello implica estar firmes en esa fe que ha sido dada o entregada a los santos. A la vez eso significa conocer bien las Sagradas Escrituras, manejar bien la espada del Espíritu que es la Palabra de Dios (ver 2 Timoteo 2:15 y 1 Pedro 3:15). En tal caso podremos usar con tino la Palabra de verdad y, sobre todo, traer al redil ovejas perdidas y alejadas del Pastor propio, pero que ahora se hallan balando en sistemas diversos lejos de la verdadera fuente de agua viva.

Nuestra meta: "edificar, exhortar, consolar" (1 Corintios 14:3).

Es mi propósito exponer a continuación una serie de afirmaciones y alegaciones hechas oficialmente por la Sociedad *Watchtower* de los Testigos de Jehová a su favor. Todo cuanto a ello se refiera será respaldado con auténticas declaraciones hechas por tal Sociedad y sostenido por la debida documentación. Luego, más adelante, probaremos con sus propios materiales[*] y a la luz de la Palabra de Dios si el caso es uno de realidades o de mera presunción especulativa. Estoy convencido de que es apropiado proceder así porque hay vidas envueltas. Sólo si Cristo nos liberta seremos verdaderamente libres. En esta línea Bíblica de entendimiento, cualquier cosa que trate de opacar la refulgencia de nuestro Señor Jesucristo debe ser apropiadamente expuesta. "No hay otro nombre bajo el cielo, dado a los hombres, en que podamos ser salvos" (Hechos 4:12).

Al decir que hay vidas envueltas, quiero decir, entre otras cosas, que hoy mismo hay Testigos inquietos buscando una paz y una libertad que no tienen. También, que hay una cantidad indeterminada de personas que están en vías de pertenecer a dicha organización y, ¡cuán bueno sería que a tiempo fueran advertidas! El evangelio verdadero apunta a Cristo no a otras personas o entes aquí en la tierra. Por lo tanto, la evidencia que seguirá es al objeto

---

[*]Por razones legales, nos hemos visto impedidos de reproducir todo el material de dicha organización que nos suministró el autor. LOS EDITORES

de usarla con tacto, tino y prudencia. Remito de nuevo al lector a 1 de Pedro 3:15. Es fácil enfadarse con los Testigos por lo que enseñan. No obstante, la verdadera doctrina no sólo debiera ser lo que es certero u ortodoxo, sino aquella expresada con la motivación correcta, es decir, el *amor*.

Al usar evidencia contundente que indica que otra persona está equivocada, podría ocurrir que entráramos en debates innecesarios con Testigos u otros entes tratando —tal vez de forma inconsciente— de ganar una batallita, pero, por supuesto, no la guerra. Se hará necesario pues que tengamos siempre muy presentes las palabras del apóstol Pablo según están registradas en 1 Corintios 13:1, 2. Aquí el apóstol señala que si tuviera todo el conocimiento y toda la fe, pero no tuviera *amor*, nada sería, de nada le aprovecharía. Sería, como él menciona, " como metal que resuena o címbalo que retiñe". Es decir, sólo haríamos ruido, ruido molesto que a nadie a la larga edificaría.

No. Deberíamos usar la información que seguirá —si ello procede— con tacto y amor. Se podría pensar que la persona que tenemos delante es alguien en suma engañado, que ha puesto su confianza donde no debe, pero que trata así vanamente de obtener su propia salvación e incluso la de otros. Recomiendo, pues, que se use con cualquier persona primordialmente la Santa Biblia, la Palabra de Dios. No obstante, si para tratar de mermar su confianza en un liderazgo errado y conducirla a Cristo es necesario usar la documentación que sigue, entonces, ¡adelante con amor y oración! Las victorias son siempre del Señor. El sí conoce exactamente los que son suyos. El ve exactamente lo que hay en el corazón. Tú y yo no. Esto demanda, pues, amor y equilibrio de nuestra parte.

Lo que Charles Taze Russell mismo supuso y pretendió ser

A principios de los años setenta del siglo pasado, Charles Taze Russell y algunos amigos suyos empezaron un estudio particular de la Biblia. Con el tiempo estas personas llegaron a sostener que la doctrina de la Trinidad no era bíblica; que el alma humana es simplemente mortal; que el castigo para cualquier inicuo no arrepentido sería la destrucción total. Con el transcurso de los años se llegó al entendimiento de que la verdadera iglesia del Señor Jesucristo se circunscribía a tan sólo 144.000 miembros; que los demás siervos de Dios —aunque cristianos verdaderos— no llegarían a ser coherederos con Cristo, y su esperanza quedaba relegada a vivir en la tierra como súbditos del Reino celestial.

Russell, sin embargo, dio un remarcado énfasis a cuanto tenía que ver con la vuelta de Cristo. Llegó a sostener que ésta era invisible y que, de hecho, el Señor ya estaba presente en forma invisible desde el año 1874. En 1914 el Armagedón barrería el mundo y, ellos, la Iglesia del Señor se irían al cielo para a partir de entonces establecer sobre esta tierra el auténtico dominio teocrático. Por supuesto, estas fechas serán en otra sección de esta publicación debidamente corroboradas en conexión con lo que se pretendió que sucedería en ellas. Lo que se quiere ahora remarcar es lo que Russell mismo pretendió ser una vez adoptado o creído que él y otros asociados verdaderamente estaban viviendo en el tiempo de la segunda venida de Cristo y en los últimos días de aquel sistema de cosas.

Como se prueba por la documentación que sigue, Russell vio lógico que Dios tuviera en dicho tiempo un canal o instrumento para canalizar e impartir información oportuna al resto de la "familia de la fe". Cierto que al principio, cuando se empezó a editar la revista *La Torre del Vigía de Sión* (llamada ahora *La Atalaya*), él mismo reconoció que el instrumento de Dios o "esclavo fiel y discreto" (ver Mateo 24:45) para dar alimento a su tiempo, estaba compuesto de la manada pequeña de siervos consagrados a Dios. Sin embargo, con el tiempo este entendimiento de los asuntos se perdió y la atención se fue concentrando más y más en él mismo. Así, el libro *Los Testigos de Jehová en el Propósito Divino*, publicado por la Sociedad *Watchtower* en 1959, admite que muchos consideraron a Russell "de una manera que de hecho equivalía a adoración de criaturas" (Ver página 71, párrafo 1 de la edición en español).

Preguntas lógicas, entonces, vienen a la mente. Si pretendió vivir en el verdadero tiempo de la segunda venida o presencia de Cristo —cosa que forzosamente se tuvo que descartar posteriormente—; si profetizó que el Armagedón o fin del mundo correspondería con la fecha 1914 y nada de lo anunciado pasó; si él mismo no negó sino que admitió como lógico que él fuera el canal o instrumento mediante el cual Dios mandaría los mensajes apropiados —cosa totalmente descartada hoy por la Sociedad *Watchtower*—, entonces, ¿por qué es considerado por los Testigos un siervo fiel de Dios hasta que murió y la Sociedad que fundó como la agencia que Dios está usando hoy día?

De la página 68 de la revista *The Watchtower* del 1 de marzo de 1923; traducimos los siguientes extractos:

8. Creemos que todos los que ahora se regocijan con la verdad presente reconocerán que el hermano Russell *fielmente ocupó el puesto del esclavo especial del Señor; y que él fue hecho gobernador de todos los bienes del Señor.* Sobre este tema de "ese esclavo", él mismo, en The Watchtower (15 de abril de 1904), el hermano Russell dijo:

10. "... No habría ninguna violación de principio, sin embargo, al suponer que el Señor en el tiempo indicado por la profecía *usaría especialmente un miembro de su iglesia como el canal o instrumento a través del cual mandaría los mensajes apropiados,* el alimento espiritual en ese tiempo; porque en varias ocasiones en el pasado el Señor ha usado individuos de tal forma".

13. ...Muchas veces cuando otros le preguntaban ¿quién es el esclavo fiel y discreto? —el hermano Russell replicaba: "Algunos dicen que soy yo; mientras que otros dicen que es la Sociedad". *Ambas declaraciones son correctas*; porque el hermano Russell era de hecho la Sociedad en el sentido más absoluto, porque él dirigía la política y el desen-

volvimiento de la Sociedad sin considerar a ninguna otra persona sobre la tierra.

Se pretendió tener la inspiración del Dios Todopoderoso

La expresión "inspiración de Dios" nos trae sin duda a la memoria las siguientes palabras del apóstol Pedro: "Ninguna profecía de la Escritura es de interpretación privada, porque nunca la profecía fue traída por voluntad humana, sino que los santos hombres de Dios hablaron siendo inspirados por el Espíritu Santo" (2 Pedro 1:20, 21). Rigurosa y verdaderamente seria fue aquella declaración. Pero, ¿quién podría ostentar —una vez y completar la Palabra de Dios— estar bajo inspiración divina? El mismo apóstol Pedro, añadiendo a las palabras que acabamos de citar, señaló que sólo falsos maestro podrían pretender algo semejante. Y señalando a los resultados de tal proceder habló de "herejías destructoras" e incluso de llegar a negar al Señor que los rescató.

En *La Atalaya* 15 de marzo de 1955, página 189 se hizo la siguiente declaración formal: "tenga la bondad de notar que si la Sociedad *Watchtower* fuera infalible no habría necesidad de que corrigiera sus puntos de vista en el futuro". Añadió, "no es infalible y nunca ha pretendido serlo". El asunto es conflictivo porque ¿cómo se puede pretender ser el conducto o canal que Dios está usando y al mismo tiempo admitir que no se es infalible y que por lo tanto hay necesidad de cambiar las enseñanzas de vez en cuando?

Sin embargo, algo importante hay que añadir aquí. La Sociedad sí dijo en su día poseer el espíritu y la inspiración de Dios, como bien prueba los siguientes fragmentos que extraemos del libro *El Nuevo Mundo* (1942), página 281:

Las sectas religiosas alegan tener a los grandes del mundo y que sus sistemas son de mucha ancianidad o antigüedad; sin embargo sus enseñanzas sin base bíblica y su oposición a La Teocracia revelan que no entienden los

Las sectas religiosas alegan tener a los grandes del mundo y que sus sistemas son de mucha ancianidad o antigüedad; sin embargo sus enseñanzas sin base bíblica y su oposición a La Teocracia revelan que <u>no entienden los juicios del Señor; lo que hace contraste con el resto que posee el espíritu y la inspiración del Dios Todopoderoso.</u> (32:8) Ni la grandeza en este mundo ni el alcance de avanzada edad y cabello nevado en una carrera religiosa, sino el espíritu del Señor y el estudio de su Palabra inspirada son las cosas que proveen el entendimiento del gran punto en disputa y los caminos de la sabiduría. Eliú llamó la atención a este hecho y no es sino lo que era de esperarse que los comentadores católicos profieran frases de condenación para Eliú, diciendo: "¡Con su espíritu privado viene a presentarse, no muy distinto a los protestantes y puritanos que alegan que derrocarán la fe católica con argumentos que han eludido la sagacidad existente en todos los siglos anteriores!" (*Háydock*) De igual modo esos religiosos contemplan la clase contemporánea de Eliú, <u>la Sociedad, el resto que tiene el espíritu de Dios,</u> a la cual condenan amargamente.

Los religiosos no han podido convencer o convertir a la clase de Job hasta estos mismos días del resto; han dejado de contestar sus palabras y probar que "Dios le vence, no el hombre". (32:13) Particularmente desde la introducción del radio, repetidas veces han rehusado aceptar el desafío del resto de nombrar y presentar

---

juicios del Señor; lo que hace contraste con el resto que posee el espíritu y la inspiración del Dios Todopoderoso. (32:8).

De igual modo esos religiosos contemplan la clase contemporánea de Eliú, la Sociedad, el resto que tiene el espíritu de Dios, a la cual condenan amargamente.

LA ATALAYA, el medio para suministrar alimento espiritual

La revista *La Atalaya* se empezó a publicar en el año 1879. C. T. Russell y otros asociados aportaban regularmente los artículos que debían ser publicados en ella. Como ya se ha mencionado, en el año 1923, en la misma revista se reconoció que Russell era el instrumento a través del cual el Señor mandaría los mensajes apropiados en ese tiempo. Por supuesto, la revista *La Atalaya* era la publicación principal que Russell usaba para transmitir sus mensajes. Aunque posteriormente se cambió el criterio en cuanto a que Russell como individuo fuese o hubiera sido el canal que Dios usara para dispensar alimento espiritual, no obstante, se siguió considerando la revista *La Atalaya* como el órgano oficial principal para transmitir dicho alimento.

Una comprensión tal de los asuntos apunta inevitablemente a la conclusión de que la Biblia, la Palabra de Dios, no es por sí sola capaz de suministrar la debida enseñanza a quiénes desean vivir piadosamente en Cristo Jesús. Es como decir que Dios tiene dos sistemas de enseñanza a disposición del hombre: 1)La Biblia como la Escritura inspirada por Dios y 2) *La Atalaya*, literatura no inspirada por él y que contiene con frecuencia información errónea; pero indispensable para el cristiano de todos modos. Así, el documento que se presenta a continuación viene a decir que Jehová ha nombrado al "esclavo fiel y discreto" de entre los Testigos y que, a la vez, ellos usan *La Atalaya* para suministrar alimento espiritual. Pero, ¿no es verdaderamente "útil para enseñar" la Palabra de Dios? (Ver 2 Timoteo 3:16, 17) ¿No es suficientemente práctico?

Jehová derramó sobre ellos su espíritu y les asignó la responsabilidad de servir como su único conducto visible, y únicamente por medio de éste habría de venir instrucción espiritual. Por lo tanto, los que reconocen la organización teocrática visible de Jehová tienen que reconocer y aceptar este nombramiento del "esclavo fiel y discreto" y ser sumisos a él.

Hoy a los encargados de este magnífico privilegio y responsabilidad se les llama testigos de Jehová, y se les ha llamado así desde 1931. Desde 1879 la revista *La Atalaya* ha sido usada por este grupo colectivo para suministrar alimento espiritual regularmente a los de este "rebaño pequeño" de cristianos verdaderos.

(Extractos de *La Atalaya*, 15 de marzo de 1968, página 170)

EL PROFETA que Dios usa hoy

Una consideración de las publicaciones de la Sociedad Watch Tower —aun cuando no muy profunda— revela inmediatamente que sus enseñanzas están en un constante plan de cambio. Al hablar de cambio en las enseñanzas no me refiero a asuntos de verdadera envergadura en cosas proféticas, doctrinales y de índole moral. Es interesante notar que ciertas explicaciones sobre algo específico dadas en su literatura, han sido interpretadas de diferente manera en dos, tres y hasta cuatro ocasiones a través de las décadas de existencia de la Sociedad. En varios casos concretos se dio una determinada explicación sobre algo en particular para, posteriormente señalar, que aquella fue una enseñanza inducida por Satanás. Lo paradójico, no obstante, está en que en más de un caso se volvió con el tiempo a la enseñanza original aun después de haberla tildado de satánica. (Probaremos esto en la siguiente sección de esta publicación).

A pesar de todo, ellos se proclaman el profeta que Jehová tiene hoy para advertir de los peligros y declarar las cosas venideras. Puesto que es fácil hacer una declaración de esa índole, lo apropiado según las Sagradas Escrituras (1 Tesalonicenses 5:21), será ir al mismo registro histórico. Al hacerlo, hemos de tener en cuenta que un profeta es alguien que tiene el don sobrenatural de conocer por inspiración divina las cosas futuras. Pero, antes de ir a los hechos, consideremos aun otras fuertes afirmaciones que sobre sí mismos ellos hacen:

Hoy la gente puede mirar las obras creativas. Tiene a la mano la Biblia, pero ésta se lee o se entiende poco. Por eso, ¿tiene Jehová un profeta para ayudarles, para advertirles de los peligros y declararles cosas venideras?

Estas preguntas pueden contestarse afirmativamente. ¿Quién es este profeta? Tenía un "profeta" para advertir a la gente. Este "profeta" no era solo hombre, sino que era un cuerpo de hombres y mujeres. Era el grupito de seguidores de los pasos de Jesucristo, que se conocían en ese tiempo como Estudiantes Internacionales de la Biblia. Hoy se les conoce como testigos cristianos de Jehová.

Por supuesto, es fácil decir que este grupo actúa como "profeta" de Dios. Otra cosa es probarlo. La única manera en que se puede hacer esto es repasando el registro. ¿Qué muestra éste?

(*La Atalaya*, enero 9, 1972, página 517.)

La UNICA organización dirigida por el Espíritu Santo y por los ángeles de Dios

Estas, de nuevo, son afirmaciones rotundas de parte de los Testigos. Lo que está implicado en ellas no es cualquier cosa. Quiere decir —como repetidas veces es mencionado en su revista *La Atalaya*— que Jesucristo es pastor solamente de ellos como organización o rebaño; que solamente allí tiene Dios pastores nombrados para apacentar Su grey y que solamente en manos de ellos Dios ha puesto las advertencias y profecías provenientes de El para advertir al mundo de hoy. No cabe, pues, en la imaginación de ellos que Dios pueda tener de alguna manera "pueblo" en otro lugar. Es así que llegan a la conclusión en el sentido de que si sólo ellos son dirigidos por el Espíritu de Dios así como por sus santos ángeles, de necesidad todo lo que esté fuera de tal organización tiene que ser indudablemente del diablo.

Quienes ven las cosas de este modo tienen que imaginarse necesariamente a todo el resto de la gente del mundo encuadrada en bloques o bandos. Por eso, al sostener el Testigo que sólo ellos constituyen la organización visible de Dios hoy día, tienen que deducir —y lo hacen— que todo lo que no pertenece a su organización forma automáticamente parte de la organización de Satanás. Así, por ejemplo, si una persona se ha reconocido pecadora delante de Dios y por la fe aprecia que su pecado es limpiado por el sacrificio redentor de Cristo, y por su modo de vivir demuestra que es guiada por el Espíritu de Dios, sin embargo, si dicha persona no está encuadrada en la organización de los Testigos bajo la dirección de la Sociedad *Watchtower* es considerada parte del sistema mundial de religión falsa, es decir, Babilonia la Grande (Apocalipsis 18:1-4), según su hermenéutica.

Del sector religioso del mundo, aparte de los Testigos mismos, ellos forman bandos también. Es decir, todo lo que se considere cristiano fuera de ellos mismos como Testigos es considerado automáticamente parte de la llamada cristiandad. Consideran que la cristiandad está compuesta de todos los que dicen ser cristianos pero que aún no han reconocido a los Testigos como la única organización visible de Dios junto con su agencia legal, es decir, la Sociedad *Watchtower Bible and Tract*. Mientras no exista tal reconocimiento nadie puede encontrarse en el camino de la salvación. Es como si dijeran: 'Cristo es en verdad el medio de salvación; no obstante Cristo sólo se identifica con esta organización'.

No hace mucho tuve la oportunidad, junto con otro compañero cristiano, de entrevistarme con dos Testigos. Fue una conversación que duró un par de horas y no olvido que fue una charla agradable dentro de un contexto de respeto mutuo. Lo que quiero decir es que ellos nos sacaron una lista de siete cosas que a su juicio y según las publicaciones de la Sociedad se debían cumplir para salvarse; por lo menos así es como ellos lo expresaron. Repasamos la lista con respeto y notamos que faltaba el requisito primordial: "Cree en el Señor Jesucristo, y serás salvo" (Hechos 16:30. 31). ¡Qué triste cuando no se señala a Cristo como el verdadero y único Salvador! (Hechos 4:12).

Viernes, 14 de febrero

Te alabo públicamente, Padre, Señor del cielo y de la tierra, porque has escondido estas cosas de los sabios e intelectuales y las has revelado a los pequeñuelos. —*Mat. 11:25.*

Nos ayuda a apreciar la organización de Jehová el hecho de que, en toda la Tierra, es la única organización dirigida por el espíritu santo o la fuerza activa de Dios. (Zac. 4:6) Solo esta organización funciona para el propósito y alabanza de Dios. Solo para ella la Palabra de Dios no es un libro sellado. Muchas personas del mundo son muy inteligentes, capaces de entender asuntos complejos. Pueden leer la Biblia, pero no pueden entender su significado profundo. Sin embargo nosotros podemos comprender estas cosas espirituales. (1 Cor. 2:10) Jesucristo alabó a su Padre celestial por 'esconder estas cosas de los sabios e intelectuales y por revelárselas a los pequeñuelos.' Los cristianos verdaderos aprecian muchísimo el asociarse con la única organización en la Tierra que entiende las "cosas profundas de Dios." La dirección por el espíritu de Dios hace posible que los siervos de Jehová tengan luz divina en un mundo de oscuridad espiritual. *A 15/11/73 4, 5a*

Y todas las naciones serán reunidas delante de él, y separará a la gente unos de otros, así como el pastor separa las ovejas de las cabras. Y pondrá las ovejas a su derecha, pero las cabras a su izquierda". (Mateo 25:31-33.)

¹⁰ Sí, se escudriña a toda la humanidad para ver quiénes son "ovejas" y quiénes son "cabras". ¿Cómo se efectúa este examen? En la visión de Juan, "la mies de la tierra" se siega mientras se entregan poderosos mensajes proclamados por ángeles. Un ángel declara un mensaje de "buenas nuevas eternas". Otro anuncia la caída de "Babilonia la Grande". Y el tercero advierte contra adorar a "la bestia salvaje", el sistema de cosas político de Satanás. (Revelación 14:6-10.) Es verdad que nadie ha oído las voces mismas de estos ángeles. Pero han oído mensajes correspondientes que han sido expresados por humanos fieles. (Mateo 24:14; Isaías 48:20; Zacarías 2:7; Santiago 1:27; 1 Juan 2:15-17.) Por eso, está claro que los mensajes son transmitidos por voceros humanos bajo dirección angelical. Se identifica a alguien como 'oveja' o 'cabra' por la manera como responde a los mensajes angelicales. Durante este siglo XX solo los testigos de Jehová han cooperado con los ángeles en esta obra vital.

10. a) ¿Qué medio se utiliza para segar "la mies de la tierra"? b) ¿Quiénes son los únicos que cooperan con los ángeles en esta obra?

Por lo tanto que los judíos individuales abran sus ojos de entendimiento para observar la gran señal compuesta que Jesús predijo que indicaría el fin de este mundo, y que se unan al gran rebaño de "otras ovejas" que ahora está buscando refugio bajo su reino. De ese modo serán congregados a la "una sola manada" bajo el "un solo pastor" y serán restaurados al favor divino y ganarán vida eterna en el nuevo mundo.—Juan 10:16; Apocalipsis 7:9-17.

———

Son el único pueblo verdaderamente unido de la Tierra, y van a los hogares de las personas, y anuncian las buenas nuevas" del reino establecido de Jehová. De este modo sirven a Jehová "hombro a hombro." (Mateo 24:14; Romanos 12:1) ¿Es usted uno de los que así se ha separado del mundo, para servir a Dios celosamente por medio de dedicarse a El? Es por medio de trabajar así, junto con el pueblo organizado de Jehová, como usted "escapará salvo."—Joel 2:32; vea también Oseas 14:1, 2; Hebreos 13:15.

———

(Párrafo 11)

Literatura "que contiene la verdad bíblica"

La Biblia, como Palabra de Dios, es totalmente útil para entrenar y capacitar al hombre de Dios para toda buena obra (2 Timoteo 3:16, 17). Por lo tanto, cualquier literatura que trate sobre temas prácticos de la vida será útil en la medida que se ciña a la Palabra de Dios. Tengo que reconocer que hombres de Dios han pasado muchos años estudiando a fondo las Escrituras y que los compendios de lo que han estudiado —una vez publicados como literatura cristiana— nos han servido a muchos de "atajos" en nuestro estudio de la Palabra de Dios. Esto ha sido y sigue siendo cierto a pesar de que no se nos ha ocurrido nunca poner tales comentarios en el nivel de la Palabra de Dios misma, o insinuar siquiera que Dios mismo haya dirigido directamente por el Espíritu Santo dichas piezas de literatura.

Sólo las Sagradas Escrituras constituyen el verdadero canon o regla para medir cualquier otro escrito o enseñanza. Por tanto, solo la Palabra de Dios es la perfecta medida para que sepamos si algo viene verdaderamente de El o no. En consecuencia, sería muy atrevido decir que cierto tipo de literatura —que no sea la Biblia misma— sirva también para medir lo que es o no proveniente de Dios. Sería muy presuntuoso señalar a cierta entidad y a su literatura como algo indispensable para el entendimiento de la voluntad y propósitos de Dios. Se tendría que sospechar fuertemente de tales pretensiones y de tal clase de literatura a fin de no incurrir en el grave error que se menciona en Proverbios 30:6 al decir: "No añadas a sus palabras, para que no se te reprenda, y seas hallado mentiroso".

Como se puede ver por el siguiente documento, los Testigos —entre otros— han caído lamentablemente en dicho extremo. Al considerar que su literatura es la única que contiene "lo que es verdadero y justo" han convertido su criterio en un dogma. Es más, al decir que el contenido de sus publicaciones constituye "enseñanza exacta" han colocado sus propios escritos en el nivel de la misma Palabra de Dios. Por tal razón declaran abiertamente que no aceptan otro tipo de literatura por cuanto la consideran automáticamente falsa y con el propósito de engañar. Se ve claramente cómo su actitud dogmática les ha conducido por norma, una y otra vez, a considerar todo lo demás como necesariamente falso. También y como consecuencia de todo ello el Testigo "de a pie" queda sometido a un único y riguroso sistema de ideas sin, además, poder poner en práctica la instrucción bíblica de "Examinadlo todo; retened lo bueno" (1 Tesalonicenses 5:21), lo cual considero un principio verdaderamente valioso porque, ¿con qué como base se podrá examinar todo si no es con la Palabra de Dios y sólo con ella?

Es cierto que en el primer siglo —como apunta *La Atalaya*, 1 de mayo de 1984— algunos se volvieron apóstatas tratando de subvertir la fe de otros. Pero será obligado preguntar ¿apóstatas de qué? ¿Se convirtieron en apóstatas de unos escritos o enseñanzas particulares, de hombres? ¿Qué es un apóstata según la teología de la Sociedad *Watchtower*? Además, ¿qué pasa con el registro de enseñanza de la Sociedad cuando éste es sometido a prueba?

Advirtiendo a otros con "amor y una buena conciencia"

En este capítulo hemos considerado algunas de las pretensiones que la revista *La Atalaya* y otras publicaciones de la Sociedad *Watchtower* han sostenido o sostienen a favor de la organización de los Testigos. Algunas de ellas constituyen verdaderamente fuertes afirmaciones. Es menester, por lo tanto, dejar que el registro histórico tenga su parte en afirmar o desmentir tales asertos. Y esto es lo que se pretende con la evidencia documentada que se presentará en el siguiente capítulo.

Cuando el apóstol Pablo dio advertencias a Timoteo en contra de falsas doctrinas que se enseñaban en su día, le aclaró, no obstante, qué era lo que le motivaba a hacerlo. En el capítulo uno de la primera epístola que le envió repite[2] las expresiones "fe", "amor", y "buena conciencia". Habiendo él mismo tenido la triste experiencia de haber perseguido a la iglesia del Señor, agradece la misericordia que se le había mostrado por cuanto actuó por ignorancia,

(Preguntas de los lectores)

■ ¿Por qué rehúsan los testigos de Jehová cambiar sus ayudas bíblicas por la literatura religiosa de otras personas?

Han adquirido bastante conocimiento básico de las creencias doctrinales de las religiones que son comunes en la zona donde viven. Tales creencias se han considerado en el libro *¿Qué ha hecho la religión para la humanidad?*, al igual que en muchos artículos de *La Atalaya* y *¡Despertad!* Dicha información sobre diversas religiones se presenta en contraste con las enseñanzas exactas de la Biblia.

La Palabra de Dios advierte a los cristianos que "Satanás mismo sigue transformándose en ángel de luz. No es, por lo tanto, gran cosa si sus ministros también siguen transformándose en ministros de justicia. Pero su fin será conforme a sus obras" (2 Corintios 11:14, 15). Satanás tuvo tanto éxito al aparecerse como "ángel de luz" que pudo engañar hasta a Eva, un ser humano perfecto (1 Timoteo 2:14). Por eso no sería prudente, y también sería una pérdida de tiempo valioso, el que los testigos de Jehová aceptaran literatura religiosa falsa cuyo propósito es engañar y se expusieran a esta por medio de leerla. No tienen la menor intención de caer en el triste proceder de los judíos, quienes, como dijo Pablo, "cambiaron la verdad de Dios por la mentira". (Romanos 1:25.)

La Atalaya del 15 de noviembre de 1983 aconsejó:

"En el primer siglo, Himeneo y Fileto se volvieron apóstatas y trataron de subvertir la fe de otros cristianos. La norma de Dios era: 'Eviten tales vanas palabrerías que violan lo que es santo' (2 Timoteo 2:16-19). Los cristianos que se adhirieran a esta norma no habrían estado interesados en escuchar a apóstatas ni en obtener los escritos perniciosos que tales personas distribuyeran 'por causa de la ganancia falta de honradez'. ¿Por qué hemos de financiar la iniquidad de ellos mediante comprar su literatura (Tito 1:11)? Como cristianos leales, adhirámonos a las normas de Dios y alimentemos nuestra mente con lo que es verdadero y justo, a la vez que nos adherimos con aprecio y lealtad al conducto por medio del cual aprendimos por primera vez la verdad bíblica (Compare con 1 Timoteo 4:16.)".—Página 15.

Por lo tanto, es debido a que siguen el proceder sabio y respetan el consejo de Dios que los testigos de Jehová no acostumbran intercambiar las valiosas ayudas para el estudio de la Biblia, que contienen la verdad bíblica, por literatura religiosa que disemina el error u opiniones apóstatas.

en incredulidad. Ahora lo más importante para él tenía que ver con esa fe, amor y buena conciencia que por la gracia había adquirido. Pero él estaba pensando en otros también al mencionar tales palabras. Así que pudo decir (v. 5): "El propósito de este mandamiento es el amor nacido de corazón limpio y de buena conciencia y de fe no fingida".

De la misma manera no he querido dejar que sean otros mis motivos al exponer evidencia señalando a individuos que considerándose doctos en materia bíblica, no obstante se muestran incapaces de probar tanto lo que hablan como lo que afirman, tal como era el caso con algunos individuos en los días del apóstol Pablo. (Ver los versículos 6 y 7 de la última cita). Por lo tanto, al exponer la evidencia documentada que seguirá, yo mismo estoy convencido de que cumplo con un deber que se basa en amor a otros y quedo con una buena conciencia ante Dios y los hombres.

Cambios de enseñanza en lo que tiene que ver con profecía, doctrina y normas morales de parte del llamado "esclavo fiel y discreto" de los Testigos, será lo que nos ocupe en el siguiente capítulo. Lo importante será poder observar cómo dichos cambios afectaron adversa y negativamente las vidas de bastantes personas a la vez que quedamos advertidos del peligro que en nuestro día supone cifrar confianza en hombres que, contrariando el evangelio que emana de Cristo, presentan de una forma sutil y diversa toda un gama de doctrinas, cronologías, y profecías. Si estamos apropiadamente preparados, entonces también podremos advertir de la debida manera a otros, si procede, del peligro de tales rudimentos. (Colosenses 2:8). Al hacerlo, que sea el amor a Dios, a Su Palabra y a nuestro prójimo lo que nos guíe siempre.

---

1. Mateo 7:15; 24:11; Juan 10:1 respectivamente.
2. Versículos 5, 14 y 19 del mencionado capítulo.

Capítulo Tres

Afirmaciones y pretensiones sometidas a escrutinio

"Imagínese que usted llevara una tela a un sastre y le pidiera que le hiciera un traje. Sin embargo, usted descubre que el traje que él le ha hecho no le viene bien. El sastre dice que no es culpa de él, sino de la mala calidad de la tela que usted le ha dado. De modo que usted compra tela de la clase que él desea y vuelve a él. Una vez más el traje que él le hace no le viene bien. "¿Cuántas veces volvería usted a ese sastre antes de percatarse de que el problema no está en la tela, sino en el mismo sastre?" Este ejemplo, es una declaración tomada del folleto *El tiempo* para verdadera sumisión de Dios (página 3), publicado en español en 1983 por la Sociedad *Watchtower*.

Naturalmente que según lo que se acaba de describir pocos volveríamos a dicho sastre. Los hechos, los resultados, pesarían para nosotros mucho más que las simples declaraciones de él de ser un buen sastre o siquiera un sastre.

Este ejemplo se podría multiplicar con personas que pretendieran ser cualquier otra cosa. No obstante en cualquiera de los casos esto queda claro: una cosa son las pretensiones y otra las realidades. Por supuesto lo óptimo sería que ambas cosas estuvieran estrechamente unidas entre sí. Sin embargo, en los asuntos reales de la vida nosotros no quisiéramos darnos el lujo de suponer que cualquier cosa que se nos declara corresponde simplemente con la realidad. Y, aunque hay cosas en las que no tendría importancia que así lo hiciéramos, tenemos que reconocer que puede haber casos en que la vida misma puede estar envuelta. Así es que no es sino natural el que nosotros los humanos tengamos la inclinación de escrutar y examinar cuanto proceda, antes de creernos algo o tomar alguna decisión importante en la vida.

Aunque esto suele ser cierto en los asuntos cotidianos, sorprende ver que no es siempre así en lo que tiene que ver con religión. A mí me parece que en esta área bastantes personas se dejan llevar simplemente por meros sentimientos en muchos casos. Por supuesto, Satanás sabe eso y aprovecha para usar una de sus armas favoritas a fin de engañar y extraviar a muchos. Es exactamente lo que mencionó el apóstol Pablo (2 Corintios 11:14) con la palabras: "porque el mismo Satanás se disfraza como ángel de luz". Queda claro, pues, que no podemos darnos el lujo de creer que todo lo que relumbra es oro. Un joyero no haría eso ¿verdad?

Hoy hay muchas organizaciones que por lo que pretenden ser y el énfasis que ponen en sí mismas, resulta que predican un evangelio distorsionado cuando lo comparamos con el que verdaderamente emana de la Palabra de Dios y que es según Cristo. Cuando las observamos por lo que es su apariencia externa, tenemos que reconocer que presentan una fachada muy brillante y atractiva. He aquí el peligro. ¿Qué hacer, pues, para no caer víctima de tanto engaño que circula por el mundo?, ¿cómo protegerse?

El envejecido apóstol Juan, inspirado por el Espíritu Santo, dio la respuesta que se necesita, al decir: "Amados, no creáis a todo espíritu, sino probad los espíritus si son de Dios; porque muchos falsos profetas han salido por el mundo" (1 Juan 4:1). Entonces, a continuación, el apóstol dirige su atención hacia lo que habría de servir de regla para probar dichos o pretensiones. Primero, ¿en qué se centra el mensaje de tales individuos o grupos? ¿Es en la gran verdad de que Jesucristo, el Hijo de Dios, ha venido en carne? ¿Se señala de una forma llana y sencilla que no puede haber salvación fuera de tal provisión que es mediante verdadera fe en dicho nombre? (Comparar con vv. 2, 3; Mateo 16:15-17; Hechos 4:12).

Segundo, ¿evidencian las obras de tales pretendientes que la motivación primordial tras sus hechos u obras es el AMOR? Notemos lo que Juan añadió en cuanto a esto: "El que no ama no ha conocido a Dios; porque Dios es amor.... el que permanece en amor, permanece en Dios, y Dios en él. En esto se ha perfeccionado el amor en nosotros, para que tengamos confianza en el día del juicio". (Comparar con vv. 8, 16, 17). Entonces, de nuevo, ¿qué hay de las actitudes de tales personas respecto de sí mismas y de otros? Puesto que Dios odia el ensalzamiento propio y el orgullo, ¿se ensalzan desmedidamente sobre otros, a pesar de que estos "otros" evidencien estar encuadrados en la declaración del mismo apóstol Juan al decir: "Todo aquel que cree que Jesús es el Cristo, es nacido de Dios; y todo aquel que ama al que engendró ama también al que ha sido engendrado por el?" (1 Juan 5:7).

Luego entonces, no hay lugar a dudas. La forma de "probar" si algo o alguien proviene verdaderamente de Dios está ineludiblemente en los FRUTOS. Así de claro y sencillo lo expuso el Señor. El dijo: "Guardaos de los falsos profetas.... Por sus frutos los conoceréis" (Mateo 7:15, 16). Y, esos frutos —según la Palabra de Dios—, para que sean genuinos y auténticos, deben provenir siempre de esa FE verdadera, no fingida, y de ese AMOR real, como fruto del Espíritu Santo.[1] El verdadero hijo de Dios debe, de necesidad, manifestar estas características en su vida o, en su defecto, no es en verdad hijo de Dios.

Como en el caso del sastre considerado en el primer párrafo de este capítulo, serán los resultados, los hechos, sí, los frutos, lo que determine si cierta pretensión corresponde o no a la realidad; también, lo que determine si uno seguirá o no confiando en cierta persona o grupo de personas.

Con esto en mente la siguiente pregunta cae por su peso: ¿Qué hay de las pretensiones y afirmaciones que los Testigos hacen con tanto énfasis a favor de sí mismos mediante su portavoz oficial, la Sociedad *Watchtower*? Recordamos aquí que ellos pretenden ser los únicos que Dios usa para dispensar alimento apropiado a la familia de la fe; el profeta que Dios está usando hoy; los únicos que colaboran con los ángeles en diseminar el evangelio o buena nueva; la única organización dirigida por Dios; el único pueblo verdaderamente unido, etcétera.

Ahora bien, ¿qué dice la evidencia?, ¿cuáles son los verdaderos frutos frente a tan contundentes aseveraciones?

A fin de dejar que los hechos hablen por sí mismos, se ha recogido bastante material proveniente de las mismas publicaciones de la *Watchtower*. Puesto que se trata de material (fotocopias) tomado directamente de tales publicaciones, se puede verdaderamente considerar que dichas aportaciones son documentos. A medida que uno examina las muchas y diversas declaraciones que han hecho a través de los años, no es de extrañar que aumente el asombro del que las examine. Francamente resulta difícil entender que una organización que ha hecho y hace tan espléndidas declaraciones respecto de sí misma, tenga un registro tan saturado de equívocos —y no cualquier clase de equívocos.

No es de extrañar, pues, que a través de las décadas miles de miembros hayan abandonado la organización en un estado de confusión y hasta de angustia. Debido al fuerte desengaño sufrido, algunos se han vuelto prácticamente agnósticos. Y, aunque muchos han encontrado finalmente que su salvación está en Cristo y entrado en una estrecha relación con Dios, sin embargo, no pocos se han encontrado en ciertas alturas de su vida sin hijos, prácticamente sin amigos, sin casa donde habitar y, hasta sin un trabajo seglar apropiado. He aquí algunas consecuencias posibles como resultado de unas normas improcedentes y de unas falsas expectativas creadas.

Es mi oración que la evidencia que sigue sirva para abrir los ojos de, por lo menos, algunos.

Vamos a empezar esta sección documentada comentando sobre las "autoridades superiores" mencionadas en Romanos 13:1. Este es un ejemplo típico que demuestra cómo el Testigo ha tenido que ajustar su entendimiento (y hasta sentimiento) sobre un determinado asunto en más de una ocasión. Es decir, lo que debe ser la doctrina de los Testigos sobre el tema que sea, permanece sujeta a cambio y siempre pendiente de lo que entiendan en la actualidad sobre el asunto los "teólogos" del Cuerpo Gobernante.

Como bien se puede apreciar en el primer documento, Russell entendía que las "autoridades superiores" a que se hace alusión en Romanos 13:1 tienen que ver con los reinos de este mundo o gobiernos gentiles. Así, en su libro *Plan Divino de las Edades* publicado por la Sociedad Watch Tower, él deja claro, al comentar directamente sobre este pasaje, que dichos gobiernos han sido "ordenados" o permitidos por Dios con un propósito sabio.

No obstante, en el siguiente documento (2) se observa claramente cómo la Sociedad cambia su postura respecto a este pasaje calificando de "perversión de la Escritura" la explicación que el mismo Russell había dado de este versículo. Sin embargo, en la década de los 1960, la Sociedad volvió a explicar Romanos 13:1 en conformidad con lo que Russell había publicado, por lo que aquella opinión dejaba de ser oficialmente "perversión de la Escritura" o "aplicación religiosa errónea" (doc. 3).

tauración del mismo en mayor poder y gloria en Cristo, según las Escrituras se califica de "Los Tiempos de los Gentiles." Y estos "tiempos" o años durante los cuales se les permite gobernar a los "reinos de este mundo," son fijos y limitados, lo mismo que está fijado y demarcado en las Escrituras el tiempo en que se efectuará el restablecimiento del reino de Dios bajo el Mesías..

Malos como han sido estos gobiernos gentiles, fueron "ordenados" o permitidos por Dios con un propósito sabio. (Rom. 13:1). Su imperfección y mal gobierno forman parte de la lección general acerca de la excesiva maldad del pecado, y prueban la ineptitud del hombre caído para gobernarse a sí mismo siquiera hasta el grado de su propia satisfacción. En la mayor parte de casos, Dios les permite llevar a cabo sus propósitos de acuerdo con sus habilidades, y solamente hace sentir su poder cuando tratan de traspasar los límites que en su plan les ha demarcado. Su designio es el de que eventualmente todas las cosas cooperen juntamente para el bien, y que al final, aun la "ira de los hombres" lo glorifique. El restringirá lo restante, todo lo que no redunda en bien, no enseña lección, ni es de porvecho alguno.—Sal. 76:10.

La ineptitud del hombre para establecer un gobierno perfecto es atribuible a su propia debilidad en la condición caída y depravada. De estas debilidades, las que en sí mismas serían bastantes para frustrar los esfuerzos humanos en la dirección de implantar un gobierno perfecto, se ha aprovechado Satanás, quien fue el primero en tentar al hombre a que fuese desleal al Supremo Gobernante. Satanás continuamente se ha aprovechado de las debilidades del hombre, haciendo que el bien aparezca como mal y el mal como bien. El ha tergiversado el carácter y los planes de Dios, y ha cegado los hombres a la verdad. Obrando de esta manera en los corazones de los hijos de desobediencia (Efe. 2:2), los ha guiado cautivos según su voluntad, y se ha constituido, como nuestro Señor y los Apóstoles dicen, en el "príncipe de este mundo" (Jn. 14:30; 12:31). El no es el príncipe de este mundo por derecho,

"testigos de Jehová". (Isaías 62:2; 65:15; Apocalipsis 2:17) Denodada y gozosamente recibieron el nombre para ellos en julio, 1931, y lo hicieron saber a todas las naciones. Todavía continúan tratando de ser dignos de ese nombre dado por Dios.

Durante la Guerra Mundial I esos israelitas espirituales quedaron físicamente bajo el poder de los sistemas políticos babilónicos de este mundo. Fué como cuando los israelitas típicos de la antigüedad experimentaron la desolación de su tierra y fueron llevados cautivos a Babilonia por setenta años. En 1918 d. de J. C. los israelitas espirituales cedieron a la intervención política del mundo en sus actividades cristianas. Se retiraron de su obra educativa pública debido en gran parte a la doctrina religiosa que todavía existe, a saber, que los funcionarios públicos de la organización visible de Satanás son las "potestades superiores" a quien todas las almas cristianas están sujetas, según el mandamiento en Romanos 13:1. Por dicha perversión de la Escritura la Jerarquía religiosa en control ha sido capaz de actuar como los "consejeros espirituales" de los poderes políticos y usar el brazo del estado para quitar y suprimir la libertad de palabra, de imprenta, de asamblea, y de adoración de Dios. Tal aplicación religiosa errónea de la Escritura concerniente a las "potestades superiores" por mucho tiempo ha causado la esclavitud ignorante de profesos cristianos a los oficiales mundanos a expensas de los intereses de la obra de Dios y de la verdadera libertad.

Después de la venida del Señor al templo y

De la lectura supracitada es claro que en los últimos cinco versículos del capítulo doce Pablo les está diciendo a los santos de Dios cómo conducirse entre los hombres fuera de la congregación cristiana, "todos los hombres," incluyendo aun a un enemigo que hace mal a los cristianos, por consiguiente un individuo que se halla fuera de la congregación, no dentro. Luego, inmediatamente, Pablo pasa a su discusión de las "autoridades superiores," y así tiene sus ojos enfocados, no en lo que está dentro de la congregación, sino en lo que está fuera de ella. Por eso las "autoridades superiores" se hallan lógicamente en el mundo fuera de la congregación.* Ciertamente no podemos cerrar los ojos al hecho de que hay autoridades fuera de la congregación cristiana.

³ Aunque la congregación estaba en Roma, Pablo le escribió en griego, no en latín. La palabra griega que Pablo usó para "autoridad" fue *exousía*. Los lectores de la antigua traducción griega *de los Setenta* de las Escrituras Hebreas estaban muy bien familiarizados con esa palabra *exousía* como aplicando a soberanías o dominio paganos. (Vea Daniel 7:6, 14, 17; 11:5.) Aun Satanás el Diablo reclamó autoridad. Cuando trató de tentar a Jesucristo con la soberanía y el dominio mundiales, le dijo a Jesús: "Yo te daré toda esta autoridad [*exousía*] y la gloria de ellos, porque me ha sido entregada a mí, y a quien yo quiera se la doy." Pero Jesús rehusó regatear con el principal enemigo de Dios por autoridad mundana. (Luc. 4:6-8) Jesús

DOCUMENTOS No. 4-7 ("Babilonia")

"Ha caído Babilonia, la gran ciudad", declara Apocalipsis 14:8. Expresiones similares se repiten en los capítulos 17 y 18. Entiendo que no todos los teólogos —aun en el campo evangélico—dan exactamente la misma definición de lo que Babilonia es o representa, según Apocalipsis, como suele ocurrir también en otros campos de la escatología. Y es que donde la Palabra de Dios no habla con claridad, deberíamos limitarnos —y así humildemente manifestarlo— o, a lo más, dar una modesta opinión. Ahora bien, puesto que los Testigos pretenden ser el "profeta" que Dios está usando, necesariamente sus declaraciones llevan mucha más responsabilidad ante Dios y más riesgo de caer en ridículo, como, de nuevo, observamos a continuación.

Documento 4: en 1886 la Sociedad *Watchtower* informa que "Babilonia" es la iglesia nominal debido a la confusión que supone el que el trigo y la cizaña estén juntos.

Documento 5: La Sociedad cambia su criterio y descarta lo de la iglesia nominal respecto a "Babilonia". Ahora se incluyen muchísimos más elementos en ella. Es, todo lo que forma parte de la organización del diablo tanto en "los cielos como en la tierra de Satanás" (su organización visible e invisible).

Documento 6: En el año 1937 se informa que el término "Babilonia" se aplica particularmente a la Iglesia Católica-Romana.

Documento 7: Descarta la explicación anterior que centraba la atención en la Iglesia Católica Romana, y ahora afirma que dicho término se aplica a toda religión falsa, sea cual fuere ésta. ¿Está algo confundido el lector?

los de la clase p no consagran su servicio ni sus talentos al Señor que los compró—un servicio razonable—sin duda dedican mucho de su tiempo y de sus talentos realmente en oposición a Dios, y por lo tanto, en el servicio del enemigo.

Ahora véase en el mapa la "Siega" o fin de la Edad Evangélica; nótense las dos partes en que está dividida—tres años y medio y treinta y seis años y medio—el paralelo exacto de la Siega de la Edad Judaica. Esta Siega, como la de la Edad Judaica, va a ser primeramente un tiempo de prueba y de separación sobre la Iglesia, y más tarde será un tiempo de ira en el cual "las siete últimas plagas" serán derramadas sobre el mundo, inclusive la iglesia nominal. La iglesia judaica en el plano carnal, era la "sombra" o modelo de todo lo que la Iglesia Evangélica goza en el plano espiritual. Lo que sirvió de prueba a Israel según la carne en la Siega de su edad, fue la VERDAD que entonces se presentó. La verdad que debía conocerse entonces fue la hoz que separó a los "verdaderos israelitas" de la iglesia judaica nominal; comparada con el número que profesaba serlo, fue insignificante la cantidad de trigo verdadero. Así acontece en la Siega de esta edad. La Siega de la Edad Evangélica, lo mismo que lo fue la de la Edad Judaica, estará bajo la dirección del segador principal, Jesús, nuestro Señor, quien para ese entonces estará presente. (Apoc. 14:14). La primera tarea de nuestro Señor en la Siega de esta edad será separar lo verdadero de lo falso. A causa de su condición mixta, el Señor llama "Babilonia"—confusión—a la iglesia nominal; la Siega es el tiempo señalado para separar las clases diferentes que existen en ella, y para madurar la clase n. Se separará el trigo de la cizaña, el que está maduro del que no lo está, etc. Los de la clase n son las "primicias" del trigo, y a su debido tiempo, después de que sean separados, llegarán a ser la Esposa de Cristo, la que para siempre estará con su Señor y será como El.

La separación de este pequeño rebaño de Babilonia se indica por la figura s. Está en vísperas de ser uno con

ces, el Señor, por conducto de su ángel, hizo que se hiciera saber.

Las resoluciones que recibieron los nombres de "Amonestación" la primera y "Acusación" la segunda, vinieron en seguida, enfatizando el hecho de la caída de Babilonia. Desde 1914 hasta 1918 Babilonia se esforzó por destruir la herencia de Dios. (Jer. 50:11). Cuando Babilonia rechazó a Jesús, el Rey, cayó, y habiendo llegado la ira de Dios fué preciso manifestarla. El saqueo de la Babilonia típica no tomó lugar inmediatamente después de ser capturada. La misma regla, evidentemente, aplica a la caída de la mística Babilonia.

¿Qué es Babilonia? No solamente un sistema eclesiástico, sino la gran organización que gobierna a la tierra. "Una tierra de tráfico . . . una ciudad de comerciantes." (Eze. 17:4, 12). Babilonia es un gran poder y no un mito como muchos se sienten inclinados a creer. "¿Quién eres tú, oh gran montaña? ante Zorobabel te convertirás en llanura." (Zac. 4:7). "Aquella gran ciudad la cual tiene el imperio sobre los reyes de a tierra." (Apoc. 17:18). A causa de esto se requiere a todas las naciones que beban de la copa.

Babilonia representa a la entera organización de Satanás, teniéndolo a él como cabeza. Incluye tanto a la parte visible de esa organización, como a la invisible. Forma los cielos y la tierra de Satanás. Cristo, el gran Sacerdote conforme al orden de Melquisedec, en el año de 1914, comenzó un asalto en contra de la cabeza y en contra de la entera organización de Babilonia, resultando su rápida caída, "como un relámpago," a la tierra; desde ese entonces Satanás y toda su organización han confinado sus operaciones a la tierra, y prosiguen preparándose para la gran batalla del Dios Todopoderoso. En esa batalla Babilonia será por completo

RRA. Y vi a aquella mujer embriagada de la sangre de los santos, y de la sangre de los mártires de Jesús. Y cuando la vi, me maravillé con grande admiración."—Apocalipsis 17 : 4-6.

Todas las organizaciones que están contra Dios y su reino, por lo tanto, necesariamente llevan el nombre de "Babilonia" y "ramera", y esos nombres particularmente aplican a la principal organización religiosa, la iglesia católico-romana, la cual pretende ser la madre de la llamada "religión cristiana". Esa poderosa or-. ganización religiosa, predicha en las Escrituras, usa los métodos de las rameras para inducir a los políticos, traficantes comerciales y demás, a entregarse en sus brazos y ceder a sus supuestos encantos. En las Escrituras se compara esta organización a una "mujer extraña", "que habla zalamerías", y que induce a los crédulos que carecen de entendimiento a ceder a su influencia. (Proverbios 7 : 5-18) En las profecías, la "ramera" u organización religiosa se describe ataviada con trajes llamativos, sombreros peculiares, camisas de seda bordadas, y se representa como vagando y cantando cánticos seductores a fin de inducir a personas a caer en su trampa, para obtener adulación personal y alabanza de los hombres y al mismo tiempo recoger ganancia pecuniaria.

La profecía de Isaías que aquí se considera desenmascara la gran organización religiosa que funciona en la tierra aproximadamente desde el principio del siglo cuarto en adelante hasta el año 1848 (E.C.) esa organización religiosa obtuvo gran poder comercial y ocupó un lugar prominente entre los poderes temporales del

dijo, según una cita de Juan: "Estas son las cosas que dice el Amén, el testigo fiel y verdadero, el principio de la creación por Dios."—Revelación 1:5; 3:14.

LOS TESTIGOS DE JEHOVÁ DE LA ACTUALIDAD

[26] Puesto que Jesucristo era y confesó ser testigo de Jehová, ¿está fuera de orden de alguna manera el que discípulos fieles de Cristo hoy se reconozcan como testigos de Jehová y confiesen que son tal cosa? ¡Por supuesto que no! Estos imitadores fieles de Jesucristo se esfuerzan por cumplir con su profesión de ser testigos de Jehová por medio de dar testimonio de El y Su reino por todo el mundo, cumpliendo con las palabras de profecía de Jesús en Mateo 24:14. Jehová, del cual son testigos, es el Ser a quien adoran como el único Dios vivo y verdadero. Lo reconocen a El como Aquel que los libró de una organización político-religiosa más poderosa que la antigua Babilonia sobre el río Eufrates, a saber, de lo que el último libro de la Biblia llama Babilonia la Grande.

[27] Muchos estudiantes de la Biblia han pensado que Babilonia la Grande simbolizaba a la Iglesia Católica Romana con su capital en la ciudad de siete colinas de Roma. Otros han pensado que simboliza a la ensangrentada cristiandad con su babel de sectas religiosas. Pero la Biblia identifica a Babilonia como el imperio mundial de la religión falsa, que abarca a la cristiandad.—Revelación 14:8; 17:3 a 18:4 inclusive.

[28] El cristianismo de la Biblia, no la cristiandad,

26, 27. (a) ¿Por qué deberían ser también testigos de Jehová los cristianos verdaderos? (b) ¿De qué organización imperial los ha libertado él?
28. ¿Quién es el Ciro Mayor, y cómo ha sido éste como un águila?

DOCUMENTOS No. 8-11 (Imagen colosal de Daniel capítulo 2)

"El estudiante de historia fácilmente puede determinar cuáles son esos cuatro grandes imperios descritos por Daniel. Estos se califican de Imperios Universales". Así explicaba C. T. Russell (ver documento número 8) los diferentes metales de la imagen descrita por el profeta Daniel, en el capítulo dos de su libro. Luego los enumera en el siguiente orden cronológico, a saber: Babilonia, Medio y Persia, Grecia y Roma. Lo que tal vez Russell nunca se imaginó, es que "nueva luz" traería un cambio de entendimiento sobre el asunto, y que aquel entendimiento que él tuvo sobre este particular sería tildado de lo peor por la misma Sociedad —según veremos—, para aportar una nueva información que también sería cambiada posteriormente. Veamos:

Documento 9: Señala que la aplicación sostenida anteriormente en sentido de que los diferentes metales de la imagen corresponden con potencias mundiales, 'es manifiestamente errónea' y 'una interpretación de origen demoníaco'. Más bien (ver documento número 10), la imagen representa a la organización de Satanás visible e invisible, siendo Satanás mismo la cabeza de oro de la imagen.

Documento 11: Manifiesta el entendimiento actual del asunto. ¿Cuál? Pues precisamente aquella información que fue tildada de demoníaca años atrás, por la misma Sociedad *Watchtower*, en un libro que tuvo una tirada inicial de un millón de ejemplares.

¿Se deber decir, entonces, que tal Sociedad ofrece "alimento al debido tiempo?" ¿Se puede confiar en ella?

barro, el bronce, la plata y el oro, los cuales se tornaron como el tamo de las eras de verano; y se los llevó el viento, de manera que nunca más fue hallado el lugar de ellos; y la piedra que irió a la imagen, vino a ser una gran montaña que llenó toda la tierra.

"Este fue el sueño, su interpretación también diremos delante del rey. Tú, oh rey, eres rey de reyes, a quien el Dios del cielo ha dado el reino, el poder, la fortaleza y la gloria (allí los gobiernos o poderes gentiles que han existido fueron ordenados por Dios). De modo que dondequiera que habitan los hijos de los hombres, las bestias del campo y las aves del cielo, El lo ha dado en tu mano y te ha hecho Señor sobre todos ellos. Tu eres esa cabeza de oro.

"Y después de tí, se levantará otro reino inferior a tí (representado por la plata), y otro tercer reino de bronce, que se enseñoreará de toda la tierra. Y el cuarto reino será fuerte como el hierro por lo mismo que el hierro desmenuza y pulveriza todo, porque como el hierro que quebranta todas las cosas, así él desmenuzará y quebrantará. Y como viste que los pies y los dedos eran en parte de barro de alfarero y en parte de hierro, por lo mismo que viste el hierro mezclado con el barro gredoso, y como los dedos de los pies eran en parte de hierro y en parte de barro, así en parte el reino será fuerte y en parte endeble."

Entre los muchos imperios de la tierra que se han levantado, el estudiante de historia fácilmente puede determinar cuáles son esos cuatro grandes imperios descritos por Daniel. Estos se califican de Imperios Universales. Son como sigue: el primero, el de Babilonia, la cabeza de oro (Ver. 38); el segundo, el pecho de plata, el Medo-Persa, conquistador del de Babilonia; el tercero, el vientre de bronce, el Imperio de Grecia, conquistador del de Medo-Persia; cuarto, Roma, el reino fuerte, las piernas de hierro y los pies de hierro mezclado con barro. Al tiempo del nacimiento del Señor, tres de estos imperios habían pasado ya, y el cuarto, el Romano, ejercía el poder universal según leemos "salió un edicto de parte de Cesar Au-

desmenuzó. Entonces fueron desmenuzados juntamente el hierro, el barro, el bronce, la plata, y el oro; los cuales se tornaron como el tamo de las eras de verano; y se los llevó el viento, de manera que nunca más fué hallado el lugar de ellos; pero la piedra que hirió la imagen vino a ser una gran montaña, que llenó toda la tierra."—Daniel 2:31-35.

Los clérigos religiosos han intentado interpretar este sueño, aplicándolo a la subida y caída de cuatro potencias mundiales sucesivas, Babilonia, Medo-Persia, Grecia, y el Imperio Romano. La destrucción de la imagen significa, según dicen ellos, la introducción del Cristianismo, seguido de la intervención de la Jerarquía Católica Romana y otras denominaciones religiosas en los sistemas políticos de toda la tierra. Los religiosos dicen que la montaña que llena toda la tierra significa la adopción del nombre "nación cristiana" por todos los países de la tal llamada "Cristiandad", pero sin cambiar sus gobiernos políticos. También se ha dicho que "todos los otros imperios, reinos y estados sobre la faz de la tierra pueden venir a ser cristianos, *y preservar sus formas características de gobierno político*". (*Clarke*)

Visto en la aumentante luz que brilla sobre la Sagrada Palabra de Dios, tales interpretaciones religiosas vienen a ser más y más insostenibles y manifiestamente erróneas. Es una interpretación de origen demoníaco que oculta la verdad en cuanto a la primaria doctrina de la Biblia, el reino de Jehová Dios por medio de su Hijo Jesucristo. Por medio de su profeta Daniel el gran Revelador de secretos proporcionó una

jamás será destruído, y el reino no será dejado a otro pueblo, sino que desmenuzará y acabará con todos aquellos reinos, en tanto que él mismo permanecerá para todos los siglos; así como viste que de la montaña fué cortada una piedra, (mas no con mano de hombre,) que desmenuzó el hierro, el bronce, el barro, la plata y el oro. El gran Dios hace saber al rey lo que ha de ser en lo porvenir; y es cierto el sueño, y fiel la interpretación."—Daniel 2:36-45.

En vista de más visiones dadas al profeta y registradas por él en Daniel, capítulos 7, 8, 11 y 12, es patente que Jehová Dios no está prediciendo algo en el capítulo 2 que sería repetido varias veces más tarde. Como ésta es la primera de una serie de profecías es fundamental y permanece distinta. No aplica simplemente a ciertas partes terrestres de la organización de Satanás. La imagen del sueño representa a la organización de Satanás en su totalidad, invisible y visible, e incluye también "el dios de este mundo". Representa el *mundo o kosmos* completo de Satanás, compuesto de las dos partes, los cielos y la tierra que él organizó después del diluvio, "los cielos de ahora y la tierra." (2 Pedro 3:7) Es una sola organización desde la cabeza hasta los pies. Su destrucción quiere decir el fin del mundo.

Satanás el Diablo es la cabeza de oro de la imagen, pretendiendo ser divino, y deseando 'ser semejante al Altísimo'. Que fué prefigurado o representado por el adorador de demonios Nabucodonosor, rey de Babilonia, es manifestado en la profecía de Isaías, capítulo 14, donde se habla del rey de Babilonia como el de reful-

fermedad mental. Por siete años Nabucodonosor se imaginó que era un toro, e iba de un lugar a otro comiendo hierba.

Fue este Nabucodonosor quien anteriormente tuvo un sueño profético en el cual vio una imagen inmensa y "pavorosa." Los varios metales de esta imagen representaron una serie de gobiernos mundiales que se presentarían en la escena terrestre a través de los siglos, después de lo cual vendría el restablecimiento de la soberanía de Dios en la Tierra por medio de la gobernación del Reino de su Hijo, Cristo Jesús.

Nabucodonosor, quien olvidó los detalles del sueño al despertar, llamó a sus sacerdotes practicantes de magia y a sus astrólogos para que éstos le dijeran, no solo lo que había soñado, sino también la interpretación. Ellos fracasaron por completo.

LA ATALAYA — 1 DE NOVIEMBRE DE 1978

DOCUMENTOS No. 12 y 13 (ejércitos de 200.000.000 de a caballo)

Esto es una referencia a Apocalipsis 9:13-21. Tras tocar el sexto ángel su trompeta hay efectos devastadores relacionados con este ejército de doscientos millones de caballos con sus jinetes. Los versículos 16 y 17 dicen: "Y el número de los ejércitos de los jinetes era doscientos millones. Yo oí su número. Así vi en visión los caballos y a sus jinetes". Por supuesto, esta no es ocasión para entrar en detalles sobre el posible significado de esta porción de Apocalipsis. Tampoco para juzgar los dos siguientes documentos a fin de establecer cuál de los dos nos parece errado o si nos parecen errados los dos. Se pretende, más bien, que notemos el cambio de opinión en el entendimiento de este pasaje por parte de la Sociedad de los Testigos.

Documento 12: En el año 1930 Rutherford asegura que estos ejércitos, *sin duda,* incluyen: a) las miríadas de ángeles; b) al pequeño grupo de siervos de Dios en la tierra. Entonces respalda su tesis con las citas: Joel 2:11; Job 39:19-25 y 2 Reyes 6:16.

Documento 13: En el año 1982 se declara la nueva opinión de la Sociedad sobre este pasaje, en el sentido de que los "caballos" representan los cientos de millones de publicaciones impresas que han distribuido los Testigos bajo la dirección del resto ungido. De nuevo, cada declaración, aunque opuesta la una de la otra, es contundente y definitiva. La primera declaración era la "verdad" de entonces; la segunda es la "verdad" de ahora.

nada à los miebros de la organización de Dios en la
tierra, y ellos continúan gozosamente cantando sus ala-
banzas en tánto que las poderosas fuerzas de Jehová
marchan adelante en su tarea de completar al debido
tiempo la destrucción de la organización de Satanás.

El número de "los ejércitos de a caballo" se dice ser
doscientos millones. (V. 16). Los "aprisionados" no
podrían ser contados entre este ejército que hace el directo ataque sobre las murallas de Babilonia, de la parte
exterior, por cuanto se encuentran dentro de las murallas. El ejército por lo tanto tiene que comprender tan
solo a los que Dios ha ungido con este fin: "Y los ejércitos que están en el cielo le seguían, montados en caballos blancos, y vestidos de lino fino blanco y puro."
(Apoc. 19:14). Estos ejércitos sin duda incluyen las
miriadas de ángeles como también al pequeño grupo de
siervos de Dios en la tierra. "Muy grande es su hueste;
porque fuerte es el que ejecuta su palabra." (Joel 2:11).
El ejército de Jehová está bien equipado y no tiene
temor. (Job 39:19-25). Estos dos millones que componen el ejército de Jehová dieron el mensaje que
resultó ser un ¡ay! para los habitantes de la clase gobernante de la tierra bajo Satanás. Los ungidos de Dios
en la tierra deberían sentir ánimo. Que se regocijen y
digan: "Más son los que están con nosotros que los que
están con ellos."—2 Re. 6:16.

La visión puso de manifiesto que los caballos y los
que estaban sentados sobre ellos, tenían corazas de
fuego, y de color de jacinto, y de azufre, y que las cabezas de los caballos eran como cabezas de leones; y que de
su boca salían fuego, y humo y azufre. (V. 17). Semejante coraza sería algo terrible a la vista del enemigo.
En lenguaje simbólico el Señor dice: "El día de la ven-
ganza estaba en mi corazón." (Isa. 63:4). Esa es la

Usando eficazmente los "caballos" simbólicos

«Las cabezas de los caballos eran como cabezas de leones, y de la boca de ellos salía fuego y humo y azufre[...] la autoridad de los caballos está en sus bocas y en sus colas; pues sus colas son semejantes a serpientes y tienen cabezas, y con éstas causan daño.» (Rev. 9:17-19.) ¿Hemos visto esos caballos? ¿Hemos trabajado con ellos? Sí que lo habremos hecho si hemos ayudado a hacer público el mensaje de juicio de Jehová contra la religión falsa, la parte más censurable del sistema visible de Satanás.

² Esos caballos simbólicos del capítulo 9 de Revelación representan los cientos de millones de publicaciones impresas que han distribuido los testigos de Jehová durante estos últimos días bajo la dirección del resto ungido.

LO QUE LOS «CABALLOS» EFECTUAN

³ Estos singulares 'corceles' efectúan dos cosas importantes. La primera es que el fuego, humo y azufre que sale de sus bocas ocasiona plagas mortíferas. En la Palabra de Dios, los caballos simbolizan guerra; así que tenemos que usar eficazmente estas provisiones en nuestro guerrear espiritual. Esto exige valor, pero podemos revestirnos de él mediante los «caballos» mismos, pues eso es lo que representan las «cabezas de leones» que éstos tienen. La plaga afecta a la cristiandad y a todos los enemigos del reino mesiánico de Dios. Participemos todos celosamente en este guerrear espiritual durante julio, por medio de ofrecer los cuatro libros de bolsillo.

⁴ Por otro lado, hay personas cuyo corazón está completamente de acuerdo con lo que efectúan los temibles «caballos». El león también representa la justicia, y muchas personas que tienen cualidades de oveja ven la justicia de los fuertes mensajes de juicio que se imprimen en las revistas y los libros. Tales personas necesitan recibir esa información. Con el tiempo, esto también puede hacerlas lo suficientemente valerosas como para que se pongan del lado del «León que es de la tribu de Judá», Jesucristo (Rev. 5:5). Esta literatura nos ha ayudado a hacer eso, ¿no es cierto? Por lo tanto, estamos en una posición excelente para recomendarla a otros.

SEAMOS GUERREROS DIESTROS

⁵ Es evidente que se requeriría destreza para montar un fogoso corcel de guerra como los «caballos» que se describen en el capítulo 9 de Revelación. ¿Qué significa este lenguaje simbólico para nosotros? Significa que tenemos que estar bien fa-

(Pasa a la página 4, columna 1)

DOCUMENTO No. 14 y 15 (Sobre Daniel 8:13, 14)

Dentro de la visión del carnero y del macho cabrío descrita en Daniel capítulo ocho está encuadrada otra (vv. 13, 14) que se denomina en el versículo 26 "la visión de las tardes y mañanas". Trata de un "cuerno pequeño" que crece y que logra 'echar por tierra el santuario' y 'quitar el continuo sacrificio' (v. 11).

En su libro *El reino de mil años de Dios se ha acercado* (1973), la Sociedad *Watchtower* reconoce que William Miller, fundador de los llamados Milleristas o Adventistas, debido a usar mal la información del profeta Daniel sobre las 2.300 tardes y mañanas arribó a la conclusión de que el mundo terminaría en 1843; que los que cifraron crédula expectación lo abandonaron al ver que no se cumplían sus predicciones (página 185). Luego, en la siguiente página, el mismo libro señala a un grupo de estudiantes independientes "para no ver en la Biblia a través de cristales sectaristas". Se está refiriendo a C. T Russell y el grupo que con él se asociaba. Pero observemos en los siguientes documentos cómo, si Miller calculó mal los 2.300 días, los Testigos también lo hicieron.

Documento 14: Establece que los 2.300 días de tardes y mañanas empezaron a contar en Londres, el 25 de mayo de 1926, con motivo de una Asamblea Internacional, y terminaron de contar el 15 de octubre de 1932 al acabarse el arreglo de elegir "ancianos" en las congregaciones de manera local, democrática.

Documento 15: Se descarta la explicación anterior y se establece que dichos días terminaron de contar, más bien, en el otoño de 1944, ya que empezaron a contar en 1938 en vez de en 1926.

"justificado" (*Le*), "purificado" (*Mod, Val, NC, BC, TA*), o "ser restaurado a su estado apropiado" (*NR*)? Deberá ser "dos mil y trescientas tardes y mañanas" después de esa transgresión tan aterradora y tan segura de resultar en una desolación. Si la regla bíblica para contar el tiempo profético se aplica como ya se ha explicado,* usándose como unidad básica el año profético de 360 días, 2,300 tardes y mañanas sumarían seis años cuatro meses y veinte días, cada día teniendo una tarde y una mañana. (Génesis 1:5, 8, 13, 19, 23, 31) Contemos ahora desde el principio de esta Asamblea Internacional en Londres el 25 de mayo de 1926, y encontraremos que 2,300 días de tardes y mañanas nos llevan al 15 de octubre de 1932.

45 ¿Cómo fue purificado, vindicado o restaurado a su estado apropiado el "santuario" de Jehová para esa fecha? Examine usted la revista oficial de los testigos de Jehová, *The Watchtower*, de esa fecha. Note usted la página 319. En esa página se encuentra la Resolución que fue adoptada por la compañía de los testigos de Jehová de Nueva York el 5 de octubre de 1932. Esta pedía un limpiamiento de la organización de congregación, una restauración de ésta al estado apropiado para la clase del santuario de Jehová. ¿Cómo? Por medio de limpiar de la organización a los "ancianos electivos," o ancianos que habían sido elegidos a su puesto de ancianos al extender las manos los miembros de la congregación en una elección popular o democrática, según el estilo político que usaban los antiguos estados griegos y la potencia mundial binaria angloamericana.

---

* Véase la página 107, párrafo 40. Recuerde que con regularidad se añade un decimotercer mes judío siete veces cada diecinueve años para igualar el tiempo lunar con el tiempo solar y sus años bisiestos.

45. En esa fecha, ¿qué señaló la revista oficial de la Sociedad Watch Tower?

"VERDADERA"

36 ¿Qué, entonces, indica toda esa combinación de sucesos significativos al tiempo crítico? Evidentemente esto: que el "santuario" o "lugar santo" de Jehová fue "puesto en su condición correcta" a tiempo, al fin de las 2.300 tardes y mañanas, a principios del otoño (8 al 22 de octubre) del año 1944. Es como le dijo el ángel a Daniel: "Y la cosa que se ha visto concerniente a la tarde y la mañana, de que se ha dicho, es verdadera." (Dan. 8:26) La Teocracia como algo que pertenece universalmente a Jehová Dios había sido engrandecida. Antes que en cualquier otro lugar, es en el "santuario" o "lugar santo" de Jehová que debe reinar Su teocracia. Realmente ha reinado allí, de manera sobresaliente desde el otoño de 1944.

37 Durante la II Guerra Mundial el "lugar establecido de su santuario," representado por el resto de los "santos" de Jehová, fue echado abajo. Ciertamente la actitud y organización teocráticas de este resto ungido de subsacerdotes espirituales fueron puestas a una prueba severa desde junio de 1938 en adelante. Cualquier éxito que tuvieron la Potencia Mundial Binaria Angloamericana y sus aliados en quitar el "rasgo constante" de sacrificio relacionado con la adoración y el servicio públicos de Jehová hizo que les fuera muy difícil a los "santos" teocráticos seguir obedeciendo a Dios como Gobernante más bien que a los hombres. Sin embargo, a pesar de ello, tuvieron éxito en conservar la Teocracia dentro de su santuario.

DOCUMENTOS No. 16 Y 17 (1799: "el comienzo del tiempo del fin").

Sin temor a equivocarme puedo decir que la mayor parte de los Testigos no sabe que, en su día, millones de piezas de literatura difundieron la fecha de 1799 como el año que marca el comienzo del "tiempo del fin". Yo mismo me sorprendí bastante cuando me encontré con esta fecha mientras leía literatura antigua de la Watch Tower. Sinceramente no pensé que la organización hubiera publicado diferentes fechas para un mismo suceso. Pero al hallarme ante la evidencia no tuve más remedio que enfrentarme a la realidad. Bien, analicemos los dos documentos anunciados:

Documento 16: En 1927 el libro *La creación* explica por qué medios se llega al año en consideración, es decir, 1799. Como se puede ver, primero se toman prestados los 1.260 días de Daniel 12:5-7. Luego, al añadir la fórmula de "un día por un año" de Ezequiel 4:6 tendremos, no 1.260 días sino 1.260 años. Entonces se procede a sumar esta cantidad agregándola al año 539[2] y el resultado es 1799 como COMIENZO DEL TIEMPO DEL FIN.

Documento 17: Manifiesta lo que es la postura actual tras haberse descartado la anterior. Señala que estamos en el "tiempo del fin" y añade que dicho tiempo es un período limitado que comenzó en 1914 y que concluirá con la destrucción del inicuo sistema de cosas actual.

lla parte a la ribera del río. Y dijo uno de ellos al varón que traía las vestiduras de lino blanco, que estaba en pie sobre las aguas del río: ¿Para cuándo será el fin de estas maravillas? Y yo oí a aquel varón que traía las vestiduras de lino blanco, que estaba en pie sobre las aguas del río, cuando levantó su mano diestra y su siniestra hacia el cielo, y juró por aquel que vive eternamente que será para un tiempo, y dos tiempos, y la mitad de otro; y que cuando se haya acabado de destruir el poder del pueblo santo, todas estas cosas serán consumadas."—Dan. 12: 5-7.

En los simbolismos bíblicos un "tiempo" quiere decir un año de doce meses, de treinta días cada uno, o sea un año de 360 días. Cada día se computa por un año, como dice el profeta: "Un día por cada año te he señalado." (Ez. 4: 6). Aquí, entonces, encontramos mencionados tres tiempos y medio de 360 días proféticos cada uno, o sea un total de 1,260 días proféticos, los cuales marcarían el comienzo del tiempo del fin de ese orden bestial, o representado por las bestias. Mil doscientos sesenta años desde el año 539 nos trae hasta 1799, lo cual es otra prueba de que 1799 definitivamente marca el comienzo del "tiempo del fin." Esto también muestra que es desde la fecha del 539 E. C. que los otros días proféticos de Daniel tienen que ser computados.

El entender de estas profecías relacionadas con el tiempo del fin, y la presencia del Señor, fue de adrede ocultado por Jehová hasta el tiempo debido. Daniel deseaba saber cuál sería el fin de estas cosas, pero Dios le dijo: "Tú empero, Daniel, cierra estas palabras, y sella el libro hasta el tiempo del fin." (Dan. 12: 4). Es más que razonable el esperar que Jehová indicara alguna cosa por medio de la cual, al llegar, se pudiera entender el tiempo del fin, Jehová no dijo por conducto de Daniel que dirigiéramos la mirada al cielo para ver en él escrita la noticia de la llegada del tiempo del fin, sino indicó ciertas evidencias que pudieran ser vistas y enten-

Los últimos días de este inicuo sistema de cosas

LA Biblia se refiere al tiempo en que vivimos como los "últimos días" o el "tiempo del fin." (2 Timoteo 3:1; Daniel 11:40) La realidad muestra que éste es un período limitado de tiempo que tiene un principio definido y un fin definido. Comenzó en 1914 cuando Jesucristo fue entronizado como rey en los cielos. Terminará cuando Dios destruya al inicuo sistema de cosas actual. ¡Qué alivio habrá cuando las organizaciones y personas que defraudan y oprimen, y todos los que ponen en peligro la seguridad de sus semejantes, se hayan ido!

² ¿Falta mucho para eso? El propio Hijo de Dios, Jesucristo, da la respuesta. Después de llamar atención a las muchas cosas que marcan el período de tiempo desde 1914 en adelante como el "tiempo del fin," Jesús dijo: "De ningún modo pasará esta generación hasta que sucedan todas estas cosas." (Mateo 24:34) ¿A qué generación se refería?

³ Jesús acababa de referirse a personas que 'verían todas estas cosas.' "Estas cosas" son los acontecimientos que han tenido lugar desde 1914 y los que todavía ocurrirán hasta el fin de este inicuo sistema. (Mateo

1. ¿Cuándo comenzaron los "últimos días," y con qué acontecimiento terminarán?
2. ¿Qué dijo Jesús en Mateo 24:34 respecto a cuándo terminaría el "tiempo del fin"?
3. (a) ¿De qué generación dijo Jesús que no pasaría antes de que viniera el fin? (b) Por lo tanto, ¿cómo podemos saber que estamos muy cerca del fin de este sistema inicuo?

94

DOCUMENTOS No. 18 y 19 (1874: "la segunda venida del Señor")

En el libro *The Battle of Armagedon* (La batalla del Armagedón) escrito en 1897, C. T. Russell declaró lo siguiente: "Nuestro Señor, el Rey nombrado, está ahora presente desde octubre de 1874". Esto indica lo que fue la creencia, por décadas, de los Testigos, conocidos en aquel entonces como Estudiantes de la Biblia. Como hemos visto en los documentos anteriores, la *Watchtower* enseñó que el "tiempo del fin" y la segunda venida de Cristo no empezaron a contar simultáneamente, en el mismo año. Según la información que publicaron extensamente, la segunda venida del Señor empezaría 75 años después de haber empezado lo que ellos llamaron "el tiempo del fin". Los documentos 18 y 19 establecen la fecha de 1874 como el año fijado categóricamente para el regreso de nuestro Señor, según los cálculos de ellos en aquel entonces.

Documento 18: Trata de establecer el "soporte Bíblico" para la fecha 1874. Como se ve, toman 1335 días de Daniel 12:12. Entonces se aplica la regla de "un día por un año" y la cifra queda establecida en 1335 años. Al contar a partir del año 539 (que consideran el año del derrocamiento de la monarquía ostrogoda), el cálculo nos lleva al año 1874 con el entendimiento añadido de que era el tiempo de la segunda venida del Señor. Además, teniendo esto como base, añadieron otros cómputos que les llevaban a la conclusión de que en 1878 los santos serían arrebatados para de ahí en adelante estar siempre con el Señor. (Ver *Los Testigos de Jehová en el Propósito Divino*), publicado en 1959 por la Sociedad *Watchtower*, página 19).

Documento 19: Este documento tomado del libro El REINO DE MIL AÑOS DE DIOS SE HA ACERCADO (1973), reconoce en cierto modo lo cierto de la fecha 1874 entre los Testigos de aquella época. Pero, claro, no es lo mismo decir "se pensaba" que el Señor había regresado en el año 1874 E. C.", que decir que así lo enseñó oficialmente la Sociedad por bastantes años, en realidad, por medio de millones de piezas de literatura.

También podemos notar que se dice en este documento: "En la mitad posterior del pasado siglo diecinueve se pensaba que el Señor había regresado en el año 1874 E.C.". Pero, ¿es cierto que esta creencia se sostuvo sólo en "la mitad posterior del pasado siglo? Sencillamente, tal declaración no se apega a la realidad, y entiendo que trata de restar importancia o "suavizar" lo que evidentemente ha sido y sigue siendo un funesto error en el seno de los Testigos: profetizar en nombre de Dios aquello que Dios mismo no ha mandado.

Observemos de nuevo el documento número 18. El cálculo que se hace ahí para llegar al año 1874 corresponde al libro *La creación*, publicado en 1927. Esto no es el siglo pasado ¿verdad? También tengo a la mano *La Torre del Vigía* (actualmente La Atalaya) del año 1926 y cito textualmente esta declaración del primer tema: "la segunda presencia del Señor, invisible al hombre, empezó a manifestarse en 1874". Aclarado esto, en el documento 19 observamos cómo se presenta lo que es el punto de vista actual respeto a la segunda venida del Señor, a saber, para el 4/5 de octubre de 1914 en forma invisible.

eclesiásticos y políticos. Fue en el año de 1874, la fecha de la segunda venida del Señor, cuando se formó la primera organización obrera del mundo. Desde entonces en adelante ha habido un maravilloso aumento de luz y los hallazgos, inventos y descubrimientos han sido tan numerosos que no los podemos enumerar todos. Solamente mencionaremos, como otra evidencia de la presencia del Señor, algunos de los que han sido dados a conocer y se han puesto en uso desde el año de 1874: Areoplanos, aluminio, arados de disco, automóviles, bicicletas, cajas registradoras, carburo de silicio, celluloide, cinematógrafo, cirugía antiséptica, dinamita, escaladores, ferrocarriles eléctricos, ferrocarriles subterráneos, fonógrafos, gas para alumbrado, grafófonos, inalámbrico, linotipos, máquinas de escribir, máquinas de segar, máquinas de sumar, máquinas de coser, monotipos, motores de gasolina, motores de inducción, pólvora sin humo, radio, rayos de Roengten, señales para ferrocarriles, separadoras de crema, soldadoras eléctricas, submarinos, teléfonos, tintas artificiales para teñir, y por último, televisión.

La cosa más importante indicada por todas las profecías, y por la cual esperaban los apóstoles, es la segunda venida del Señor. El profeta describe ese tiempo de regocijo: "Bienaventurado aquel que espere, y alcance a mil trescientos treinta y cinco días." (Dan. 12:12). Los que se dicen aquí como esperando, sin duda alguna son los que recibieron la orden de esperar y estar en la alerta por su venida. Esta fecha, al entenderse, seguramente marca el tiempo de la segunda venida del Señor. Aplicando la misma regla de un día por un año, 1335 días, o años, después del año 539, nos traen hasta 1874, fecha en que, de acuerdo con la cronología bíblica, tendría lugar la segunda venida del Señor.

Hay dos fechas importantes que no debemos confundir sino diferenciar de una manera bastante clara. Esas fechas son la del comienzo del tiempo del fin y la del

partido no volvió en el día de ellos, ni antes ni después de la destrucción de Jerusalén por las legiones romanas. Unos veintiséis años después que aquel horrible acontecimiento hubo sacudido al mundo religioso judío, el apóstol Juan recibió estímulo durante su término de prisión en la isla de Patmos al recibir la divina Revelación, en la cual señaló al futuro y dijo: "¡Miren! Viene con las nubes, y todo ojo le verá, y los que lo traspasaron." Y Juan cerró el relato de la Revelación con esta oración: " '¡Amén! Ven, Señor Jesús.' Que la bondad inmerecida del Señor Jesucristo sea con los santos." (Revelación 1:7; 22:20, 21) Aquella oración ferviente pidiendo la venida del Señor no fue de hecho contestada sin que antes hubiesen pasado más de dieciocho siglos.

[37] Solo con la vuelta o regreso del Señor Jesucristo y su parousía o presencia vendría la culminación en el cumplimiento de la parábola de los "talentos." En la mitad posterior del pasado siglo diecinueve se pensaba que el Señor había regresado en el año 1874 E.C. y que con aquel año había comenzado su presencia invisible en espíritu. Pero realmente la "señal" de su presencia y de la conclusión del sistema de cosas no se presentó durante las cuatro décadas que transcurrieron desde aquel año. No sino hasta el fin de los Tiempos de los Gentiles en el año 1914, para el 4/5 de octubre o a mediados del mes lunar judío de Tisri. En aquel tiempo la predicación de las buenas nuevas de un venidero reino mesiánico de Dios se convirtió en la predicación de las buenas nuevas del reino *establecido* de Dios. Los acontecimientos mundiales que se presentaron después aumentaron la prueba de que en ese año crítico ya mencionado el reino de los cielos de Dios nació cuando su Mesías, Jesús el hijo de David el hijo de Abrahán, fue entronizado y coronado. (Mateo 1:1) Había llegado el que tiene el "derecho legal" a ello. ¡En realidad, él había *vuelto*! —Ezequiel 21:25-27.

[38] La parábola de los "talentos" fue dada por Jesucristo

37. (a) ¿Contrario a qué expectativa, cuándo volvió el Señor Jesucristo? (b) Desde entonces en adelante, ¿qué nuevo significado adquirió la predicación del Reino, y por qué?
38. La parábola de los "talentos" fue dada como parte de ¿qué profecía? y por eso, ¿cómo debe indicarse la culminación del cumplimiento en nuestro día?

DOCUMENTOS No. 20 y 21 (1878: 'Comienzo del oficio regio del Señor Jesucristo')

Sigamos un poco más con este asunto de las fechas. ya hemos considerado que el año 1799 fue considerado como la fecha en que comenzó a contar "el tiempo del fin" o "los últimos días" y que en 1874 comenzó el tiempo de "la segunda venida del Señor". Veamos lo que nos dice respecto al año 1878 la siguiente información del libro: *The battle of Armagedon*, publicado en 1878:

Documento 20: En este documento se establece la creencia que predominó por décadas de una forma oficial entre los Testigos de Jehová, en el sentido de que el reinado de Cristo empezó en 1878. Así, la porción que he subrayado dice categóricamente; *"la inaguración formal de su oficio real es desde Abril de 1878 A. D."*. Esta creencia predominó hasta la década de los años 1920.

Documento 21: Esta información es la creencia oficial en la organización de los Testigos desde que se descartó la que acabamos de mencionar. Descartada la creencia de que Cristo oficialmente comenzó a reinar en 1878, ahora se establece categóricamente la fecha: octubre de 1914. ¿Cómo arribaron a tal fecha? Pues sencillamente siguiendo las mismas pautas usadas para otros cálculos fallidos. Los 2.520 días se toman prestados de Daniel 4 (7 tiempos de 360 días= 2.520 días). Al aplicar la regla de "un día por un año" éstos se convierten en 2.520 años. Al contar a partir del año 607 a. E. C. (fecha incorrecta que atribuyen a la caída del reino de Judá), el cálculo nos lleva al año 1914 E.C. como se ilustra en la gráfica del documento 21.

Estos cálculos que arribaban al año 1914 significaron en su momento un "respiro" y "salida" para la organización de la *Watchtower*. Aquellos sucesos atribuidos a las fechas 1799, 1874 y 1878 podían convergir y "encarnar" todos juntos en una fecha diferente. Lo que no ocurrió en aquellas fechas pasadas, ahora se dijo con fuerza renovada que tenía que ver con 1914. ¿No hubiera sido mejor tomar otro rumbo en vista de los fallos del pasado? Además, si se prueba que esta última fecha (1914) también es falsa respecto a lo que se le atribuye, ¿qué nueva información saldrá?

Pues bien, la Biblia establece en 2 Reyes 25:8-10 que Jerusalén fue invadida y el templo saqueado en el año 19 de Nabucodonosor. Pero, ¿cuál fue su primer año reinal? Flavio Josefo nos proporciona una lista[3] de los años de reinado de los reyes de la dinastía Neobabilónica (66 años desde Nabucodonosor hasta Nabonido). La dinastía, que termina con Nabonido en la llamada "fecha absoluta" en el año 539 a. E. C. al ser descontada la cantidad de 66 años nos llevaría al año 604/603 como el primer año reinal de Nabucodonosor. Si él invade a Jerusalén en al año 19 de su reinado (o sea, 18 años completos de reinado), eso quiere decir que la desolación de Jerusalén debería haber ocurrido en 587/586 a. E. C. en lugar del 607. ¡Esto convertiría en año 1914 en el año 1934! ·

lated out of the power of darkness into the Kingdom of God's dear Son.—Col. 1:13.

This *submission* for over eighteen centuries to the violence of dominant evil has not been because of lack of power on the part of our risen, ascended and glorified Lord to protect his people; for after his resurrection he declared,— "All power is given unto me in heaven and in earth." (Matt. 28:18.) The exercise of the power is delayed for a purpose. In the Father's plan there was a "due time" for the great sacrifice for sins to be given, and another due time for the Kingdom to be set up in power and great glory to rule and bless the world: and these were far enough apart to permit the calling and preparing of the "elect" Church to be joint-heirs of the Kingdom with Christ. The evil influences and opposition of sinners have been permitted for the purifying, testing and polishing of those "called" to be members of the Kingdom class. As with the Head, so with the body, it is God's design that each member shall as a new creature be "made perfect through suffering."— Heb. 5:9.

But now we are in the end of this Gospel age, and the Kingdom is being established or set up. Our Lord, the appointed King, is now present, since October 1874, A. D., according to the testimony of the prophets, to those who have ears to hear it: and the formal inauguration of his kingly office dates from April 1878, A. D.: and the first work of the Kingdom, as shown by our Lord, in his parables and prophecy (the gathering of "his elect"), is now in progress. "The dead in Christ shall rise *first*," explained the Lord through the Apostle; and the resurrection of the Church shall be in a moment.* Consequently the Kingdom, as represented in our Lord, and the sleeping saints already fitted and prepared and found worthy to be members of

* Vol. III. Chap. 6.

En 607 a.E.C. cae Judá como reino de Dios.
En 1914 E.C. Jesucristo empieza a regir
en el gobierno celestial de Dios

1914 E.C.

Octubre, 607 a.E.C.—octubre, 1 a.E.C. = 606 AÑOS
Octubre, 1 a.E.C.—octubre, 1914 E.C. = 1.914 AÑOS

SIETE TIEMPOS DE LOS GENTILES = 2.520 AÑOS

²⁰ En los versículos 6 y 14 del capítulo 12 de Revelación (Apocalipsis), aprendemos que 1.260 días equivalen a "un tiempo [es decir: 1 tiempo] y tiempos [es decir: 2 tiempos] y la mitad de un tiempo." Eso es un total de 3½ tiempos. Por eso "un tiempo" sería igual a 360 días. Por tanto, "siete tiempos" serían 7 veces 360, o sea: 2.520 días. Pues bien, si contamos un día por un año, en armonía con la regla bíblica, los "siete tiempos" equivalen a *2.520 años.*—Números 14:34; Ezequiel 4:6.

²¹ Ya hemos aprendido que "los tiempos señalados de las naciones" empezaron en el año 607 a. de la E.C. Por eso, al contar 2.520 años desde esa fecha, llegamos a 1914 E.C. En ese año terminaron estos "tiempos señalados." Millones de personas que todavía viven recuerdan las cosas que sucedieron en 1914. En aquel año la I Guerra Mundial dio comienzo a un período de terribles dificultades que ha continuado hasta nuestro día. *Esto significa que Jesucristo empezó a gobernar como rey del gobierno celestial de Dios en 1914.* Y porque el Reino ya ha comenzado a regir, ¡cuán oportuno es que oremos pidiendo que "venga" y borre de la Tierra al sistema de cosas inicuo de Satanás!—Mateo 6:10; Daniel 2:44.

²² Sin embargo, alguien quizás pregunte: 'Si Cristo ya ha regresado para gobernar en el reino de su Padre, ¿por qué no lo vemos?'

20. (a) ¿Cuánto dura un "tiempo"? (b) ¿Cuánto duran los "siete tiempos"? (c) ¿Por qué contamos un día por un año?
21. (a) ¿Cuándo empiezan y terminan "los tiempos señalados de las naciones"? (b) ¿Cuándo empieza a regir el gobierno de Dios? (c) ¿Por qué es todavía apropiado orar por la venida del reino de Dios?
22. ¿Qué pregunta quizás hagan algunos?

USTED PUEDE VIVIR PARA SIEMPRE EN EL PARAISO EN LA TIERRA (1982) Página 141.

Documento 22: Es la declaración hecha oficialmente en el libro *El tiempo se ha acercado*, publicado por la Sociedad en el año 1889, que señala que la fecha 1914 supondría el fin total del dominio imperfecto del hombre. A continuación la traducción de las porciones subrayadas de las páginas 76 y 77 de dicho libro: "En este capítulo presentamos la evidencia bíblica que prueba que el fin total del tiempo de los gentiles, es decir, el fin de su permiso de dominio, tomará lugar en 1914 A.D.; y que esta fecha será el límite final para el dominio de los imperfectos hombres. Y obsérvese que si esto es un hecho firmemente establecido en la Escritura, probará: Primero, que en esa fecha el Reino de Dios, por el cual nuestro Señor nos enseñó a orar, diciendo 'venga tu reino', *obtendrá control universal y completo, y que será entonces establecido firmemente en la tierra, sobre la ruina de las instituciones presentes"*. (En el documento y en esta página el subrayado es mío).

Obviamente y como bien muestra la evidencia a la mano, el año 1914, al no cumplirse lo que se esperaba, llegó a ser un año de desilusión para los Testigos. Eso a pesar de que C. T. Russell en *The Watchtower* (La Atalaya) del 1 de enero de 1914 mencionó que si no ocurría lo que se esperaba "trataremos de sentirnos contentos". Años más tarde (ver documento número 23) el señor Rutherford daría una explicación "filosófica" al asunto al decir: "El mundo comenzó a terminar en 1914". Así indicaba que la equivocación no era tan grande. La fecha estaba ahí; lo demás era cuestión de matices.

The Time is at Hand.

In this chapter we present the Bible evidence proving that the full end of the times of the Gentiles, *i. e.*, the full end of their lease of dominion, will be reached in A. D.

Times of the Gentiles.   77

1914; and that that date will be the farthest limit of the rule of imperfect men. And be it observed, that if this is shown to be a fact firmly established by the Scriptures, it will prove:—

Firstly, That at that date the Kingdom of God, for which our Lord taught us to pray, saying, "Thy Kingdom come," will obtain full, universal control, and that it will then be "set up," or firmly established, in the earth, on the ruins of present institutions.

Secondly, It will prove that he whose right it is thus to take the dominion will then be present as earth's new Ruler; and not only so, but it will also prove that he will be present for a considerable period before that date; because the overthrow of these Gentile governments is directly caused by his dashing them to pieces as a potter's vessel (Psa. 2:9; Rev. 2:27), and establishing in their stead his own righteous government.

Thirdly, It will prove that some time before the end of A. D. 1914 the last member of the divinely recognized Church of Christ, the "royal priesthood," "the body of Christ," will be glorified with the Head; because every member is to reign with Christ, being a joint-heir with him of the Kingdom, and it cannot be fully "set up" without every member.

calipsis 11:17, 18) Eso marca también la fecha
de 1914, como lo indican los hechos indisputa-
bles. Hasta esa fecha Satanás tuvo el privilegio
de aparecer en el cielo. (Job 2:1) Cuando Jesús
fué colocado en su trono, inmediatamente comenzó el conflicto entre Cristo Jesús y el Diablo, la
antigua serpiente y dragón. Esa guerra en el
cielo específicamente marca el principio del fin
del mundo, y concerniente a lo cual está escrito:
"Y hubo guerra en el cielo: Miguel [Cristo
Jesús] y sus ángeles pelearon contra el dragón
[es decir, el Diablo]; y el dragón y sus ángeles
pelearon; pero no prevalecieron, ni fué hallado
más su lugar en el cielo. Y fué arrojado el dragón, aquella serpiente antigua que es llamada el
Diablo y Satanás, el cual engaña a todo el mundo; arrojado fué a la tierra, y sus ángeles fueron
arrojados juntamente con él. Y oí una gran voz
en el cielo, que decía: ¡Ahora ha venido la salvación y el poder y el reino de nuestro Dios, y la
soberanía de su Cristo; porque ha sido derriba-
do el acusador de nuestros hermanos, que los
acusaba delante de nuestro Dios día y noche!"
(Apocalipsis 12:7-10) De esa manera el Diablo
y sus inicuos ángeles fueron excluídos del cielo
y arrojados a la tierra. Tanto la cronología como
la profecía de la Biblia muestran que el mundo
comenzó a terminar en 1914, marcando el tiempo
en que Cristo Jesús tomó su poder y comenzó a
reinar, siendo su primer acto arrojar a Satanás
y sus inicuos ángeles del cielo a la tierra.

AUMENTA LA ANGUSTIA

El principio de la Guerra Mundial marcó el
"principio de dolores" en la tierra, como Jesús

DOCUMENTO No. 24-26 (1925: El retorno de Abraham, Isaac y Jacob de entre los muertos.

En el libro *Los Testigos de Jehová en el Propósito Divino* (1959) se reconoce tácitamente que el año 1923 fue, entre los Testigos, un año "crítico"'. En la página 109 se comenta que se esperaba que "los miembros restantes del cuerpo de Cristo "serían cambiados a gloria celestial en ese año". Las tristes consecuencias se pueden apreciar en el hecho de que en el año 1925, 90.434 participaron de los símbolos en su celebración de la cena del Señor (página 112) y sin embargo los Informes Anuales (Estos se muestran después de la página 315 en el mismo libro) muestran para el año 1928 una asistencia de tan sólo 17,380 para su celebración de la cena del Señor ese año. Pregunto: ¿Qué pasó con los otros setenta mil?

Sin embargo, el documento que sigue (24) muestra una razón más de desengaño. ¡En ese año se esperaba el retorno de entre los muertos de Abraham, Isaac y Jacob y de otros fieles de la antigüedad! Y, claro está, éstos no retornaron. Ahora bien, ¿qué aprendieron de esta lección? Para su sorpresa, siga analizando los dos siguientes documentos.

Documentos 25 y 26: En 1930 se construyó una casa para que vivieran aquellos hombres fieles de la antigüedad que no volvieron en 1925 a pesar de lo profetizado por la *Watchtower*. Al tiempo de 1942 (fecha en que se escribió el libro *El Nuevo Mundo*) todavía los estaban esperando. En ese libro dicen: "Es de esperarse que estos fieles hombres de la antigüedad vengan de la tumba de un momento a otro". Finalmente descartaron tal idea.

MILLIONS NOW LIVING WILL NEVER DIE (1920)

(Millones que ahora viven no morirán jamás)

EARTHLY RULERS

As we have heretofore stated, the great jubilee cycle is due to begin in 1925. At that time the earthly phase of the kingdom shall be recognized. The Apostle Paul in the eleventh chapter of Hebrews names a long list of faithful men who died before the crucifixion of the Lord and before the beginning of the selection of the church. These can never be a part of the heavenly class; they had no heavenly hopes; but God has in store something good for them. They are to be resurrected as perfect men and constitute the princes or rulers in the earth, according to his promise. (Psalm 45:16; Isaiah 32:1; Matthew 8:11) Therefore we may confidently expect that 1925 will mark the return of Abraham,

Isaac, Jacob and the faithful prophets of old, particularly those named by the Apostle in Hebrews chapter eleven, to the condition of human perfection.

Traducción de lo subrayado: "Por lo tanto podemos esperar confiadamente que el año 1925 marque el retorno de Abrahán, Isaac, Jacob y los fieles profetas de la antigüedad, particularmente aquellos mencionados por el Apóstol en Hebreos capítulo once, a la condición de humanos perfectos.

blo gime." El presente gemir de la humanidad
por todo el mundo se explica con este texto,
pero ese gemir no durará mucho más tiempo. La
batalla del Armagedón destruirá y removerá
por completo la causa del gemir, o sea el que
los inicuos ejercen el dominio. Cuando esto ocu-
rra, quedará libre el camino para que plenamente y sin tropiezos gobierne la "tierra nueva". Los "nuevos cielos" empezaron a funcionar
en el año de 1914 d. de J. C. En seguida Satanás
y sus demonios fueron derrotados en batalla y
arrojados del cielo a la tierra. Ese inicuo y sus
demonios traen ahora grandes ayes sobre la tierra y el mar para forzar a todas las naciones a
que se sometan a un sistema totalitario y a
que toda la gente se ponga en amargura contra
Dios. Ahora el Señor Jesús ha venido al templo
para juicio, y el resto de los miembros de "su
cuerpo" que aun se encuentra en la tierra ha
sido juntado a la condición del templo que es
una de perfecta unidad con él (Malaquías 3:
1-3), y por esta razón es de esperarse que estos
fieles hombres de la antigüedad vengan de la
tumba de un momento a otro. Las Escrituras
dan fundada razón para creer que esto ocurrirá
poco antes de que comience el Armagedón.

En espera de este acontecimiento, en San
Diego, California, (E.U. de A.) se construyó una
casa en el año de 1930, y se le dió el nombre de
"Beth-Sarim", que significa "Casa de los Príncipes". Los enemigos religiosos han dado mucha
publicidad maliciosa a este hecho. Actualmente

el título de propiedad de esta casa está en fidei-
comiso para que la ocupen los príncipes cuando
regresen. Los más recientes hechos indican que
los religiosos de este mundo condenado crujen
los dientes a causa del testimonio al nuevo mundo que da esa "Casa de los Príncipes". Para
esos religiosos y sus aliados no es motivo de
placer el regreso de esos fieles hombres de
tiempos antiguos para gobernar ejecutando juicio. Mas para la gente a la que aludieron los
ángeles en su cántico con las palabras "hombres
de buena voluntad", será ocasión de ilimitado
júbilo, y se pondrán de parte de esos príncipes,
representantes del reino de los cielos. Referente
al contraste entre los opositores, representados
por cabras, y estas personas de buena voluntad,
representadas por ovejas, Jesús hablando a los
religiosos predijo: "Allí será el lloro y el crujir
de dientes, cuando viereis a Abraham, y a Isaac,
y a Jacob, y a todos los profetas en el reino de
Dios, mas a vosotros echados fuera. Y vendrán
del Oriente y del Occidente, y del Norte y del
Mediodía, y se sentarán a la mesa en el reino de
Dios."—Lucas 13: 28, 29; Mateo 8: 11, 12.

MANDATO DIVINO

La milagrosa reaparición de estos fieles hombres que forman la "nube de testigos" no será
por medio de la reencarnación. La teoría de la
"reencarnación" es doctrina demoníaca y se
basa en la mentira original de Satanás en el
Edén. La vuelta de ellos será por medio de la

DOCUMENTOS No. 27 Y 28 (La cruz)

Por unos sesenta años los Testigos sostuvieron y enseñaron que Jesucristo murió en una cruz, no simple, sino de dos vigas. Como se puede observar en el documentos número 27, la revista *La Atalaya* (por muchos años fue conocida por el nombre La Torre del Vigía), llevaba ilustrada en su portada una cruz en medio de una corona. También, con regularidad ilustraban la muerte de Cristo Jesús en una cruz, en sus publicaciones corrientes; en este caso el libro *Reconciliación*, publicado en el año 1927. Sin embargo, en la década de los años 1940 se cambió su entendimiento sobre este particular y de ahí en adelante se mostró a Jesús colgado de un madero simple (ver la gráfica del documento número 28).

Lo que notamos aquí en primer lugar y a simple vista es, ni más ni menos, un cambio más de enseñanza o doctrina, lo cual no sorprende mucho en vista de tanto cambio habido en el pasado. Ahora bien, en segundo lugar, tal vez nos preguntemos en cuanto a la motivación detrás de dicho cambio. ¿No será declararse diferentes a los demás; crear repulsión en el Testigo hacia todo lo que no es precisamente su organización? Sólo Dios sabe.

Los vocablos usados en griego para "cruz" pueden variar de significado dependiendo de épocas y costumbres. Ahora, he aquí dos textos que nos hacen pensar: Juan 20:25 y Mateo 27:37. El primero muestra que se usó dos clavos para las manos de Jesús (en el documento 28 observamos sólo uno). El segundo indica que el cargo o motivo atribuido por su ejecución fue colocado "sobre su cabeza" (en este documento está colocado sobre sus brazos o manos).

RECONCILIACION   (1927)
Pág. 136

Jehová hizo otro pacto con el fin de reconciliar al hombre
consigo mismo.   Ese pacto implicó el más grande de todos
los sacrificios.   Implicó un sacrificio de parte del mismo
Jehová y el sacrificio de su amado Hijo, Jesús, y de otros
que también son tomados en el pacto.   Por lo tanto, ese
pacto muy apropiadamente recibe el nombre de "el pacto de
sacrificio." . . . La muerte de Cristo Jesús en la cruz puso
fin al pacto de la ley.   En ningún sentido El anuló el pacto
de la ley, sino que lo cumplió.   "No penséis que he venido
a invalidar la ley o los profetas." *Páginas* 205, 193.

¿Qué hay de los cristianos verdaderos hoy día a este respecto? Ellos, también, deben ser conscientes de que es necesario 'guardarse de los ídolos', como aconseja la Biblia. (1 Juan 5:21.) Por eso, la cruz no es un adorno apropiado para ellos. Recuerdan la declaración de Pablo: "Maldito es todo aquel que es colgado en un madero", y, por lo tanto, ¡prefieren pensar en Cristo como glorioso Rey entronizado! (Gálatas 3:13; Revelación 6:2.)

DOCUMENTO 29 Y 30 ("Ministro ordenado")

En el año 1967, en el libro *"Tu palabra es una lámpara para mi pie"*, los publicadores —la Sociedad Watchtower— hicieron la siguiente declaración: "Si usted es cristiano dedicado y bautizado, es un ministro ordenado de Jehová Dios". La vigencia de dicha declaración que daba tal calificativo a todos por igual, con tal que estuvieran bautizados, duró por algunos años a partir de aquella fecha. Entonces, en el año 1976, hubo un giro muy notable sobre este particular y se empezó a hacer notar una clara diferencia entre los que estaban en ciertos puestos de responsabilidad y los que no lo estaban. Pero tampoco aquella información, considerada "alimento a su debido tiempo", duraría muchos años. Observe esto en la información que sigue.

Documento 29: En 1976, a pesar de lo declarado oficialmente en el año 1967, *La Atalaya* informó que la fecha del bautismo no debía ser considerada como sinónimo de la fecha de "ordenación".

Documento 30: Meses más tarde se declaraba que la designación "ministro ordenado' solo era aplicable a personas en los siguientes puestos de responsabilidad en las congregaciones: ancianos y siervos ministeriales (diákonos).

Documento 31: Sólo cinco años después se refutó toda esta información. De ahí en adelante, de nuevo, la fecha del bautismo debía ser considerada como el momento en que el individuo es ordenado como ministro de Dios. ¿Cuál de estas declaraciones debe ser considerada como **"alimento a su debido tiempo"**? ¿Cuál no?

[25] Por supuesto, si uno en realidad ha sido nombrado a una posición de servicio en particular por hombres con la debida autoridad, puede contestar en armonía con ese hecho y puede dar, como el tiempo de su "ordenación," no la fecha de su bautismo, sino de cuando el cuerpo cristiano designado 'le impuso las manos,' por decirlo así, al darle tal nombramiento.

[26] En la congregación cristiana primitiva todos los creyentes bautizados eran "ungidos" con espíritu santo, pues recibían la llamada hacia el cielo. Sin embargo no todos eran apóstoles, profetas, maestros, ancianos o siervos ministeriales. Por eso no todos recibían un nombramiento oficial a algún servicio en particular después de su bautismo. Sin embargo todos servían juntos, tal como un cuerpo tiene muchos miembros y todos cooperan en unidad y tienen "el mismo cuidado los unos de los otros," como señala el apóstol en 1 Corintios 12: 12-30.

[27] Por lo tanto, sea que hayamos llenado los requisitos para un nombramiento oficial de esa índole y lo hayamos recibido para prestar un servicio y llevar una responsabilidad en particular o no, sirvamos todos juntos hombro a hombro para efectuar la voluntad de Dios para nuestro tiempo. Atesoremos y usemos celosamente todos el privilegio que tenemos en común de hablar la verdad a otros, compartiendo con otros las buenas nuevas que han traído luz y esperanza a nuestra vida.

---

25. Si uno sí tiene un nombramiento relacionado con la congregación para servicio, ¿qué fecha podría dar como su fecha de "ordenación"?
26. ¿Recibían todos los cristianos primitivos un nombramiento (u "ordenación") relacionado con la congregación a una asignación de servicio en particular? ¿Afectaba esto su unidad?
27. ¿Qué actitud saludable debemos adoptar, pues, todos nosotros con gozo hoy día en cuanto a nuestro servicio a Dios y a nuestro congénere?

Nuestro Servicio Teocrático

Noviembre de 1976

Muchos de los que son precursores o que sirven como miembros de las familias de Betel sí llenan los requisitós necesarios para que se les reconozca como ancianos o siervos ministeriales. Aquellos que no los llenan, por supuesto, hacen voluntariamente del servicio directo de Dios su vocación, ofreciéndose de tiempo cabal a ese servicio. Su nombramiento como precursor o miembro de la familia de Betel es un reconocimiento de tal servicio voluntario. Sin embargo, ese nombramiento no tiene el mismo significado que "ordenación" según el término se entiende generalmente. Y el hecho de que se acepta a hermanas y también a personas jóvenes en sus años de adolescencia para el servicio de precursor y el servicio de Betel muestra que no sería apropiado aplicar ese término. Puesto que la Biblia misma solamente establece dos posiciones de responsabilidad en la congregación las de anciano y siervo ministerial, limitamos nuestra aplicación del término "ministro ordenado" a los que están dentro de ese arreglo bíblico.

La Atalaya, 1 de agosto de 1981

Página 15

ORDENACION COMO MINISTROS

Al igual que sucede en el caso de toda organización religiosa, los testigos de Jehová tienen el privilegio y derecho de determinar cuándo sus estudiantes han llegado al punto en que satisfacen los requisitos para ser ministros de la Palabra de Dios, "siervos" en sentido elevado, piadoso. Después de un período de entrenamiento adecuado para cada persona

Bíblicamente, la ordenación como ministro de Dios tiene lugar cuando uno se bautiza

DOCUMENTOS 32-34 (Sobre el casarse y tener hijos)

Por años se mencionó que las Escrituras contenían enseñanzas que indicaban que los cristianos verdaderos no deberían casarse y tener hijos, por ser éste un mandato divino que no debería entrar en vigor hasta después del Armagedón (fin del mundo). Con el correr de los años la Sociedad suavizó su opinión sobre este particular. Sin embargo, actualmente, de nuevo *La Atalaya* está presentando "razones" que disuaden de casarse y tener hijos en esta época en que vivimos.

Documento 32: A la pregunta sobre si es o no apropiado casarse y tener hijos, el libro *Salvación* (1939) dijo que la respuesta era "negativa". Mencionó que ni el "resto" ni "la gran muchedumbre"[4] están bajo ese mandato divino. Añadió que dicha respuesta "es plenamente apoyada por las Escrituras". En apoyo de esto se citó el ejemplo de Noé y sus hijos que no engendraron hijos antes o durante el diluvio.

Documento 33: Los comentarios hechos en el libro *Esto significa vida eterna* (1950) fueron, en verdad, esclarecedores e interesantes. Se indicó que el apóstol Pablo habló acerca de su derecho de llevar consigo una esposa, en el curso de su servicio (1 Corintios 9:5). Se consideró 'vedar el casarse' como una de las muestras de apostasía. El tener hijos se consideró como un "propósito del matrimonio".

En La Atalaya del 1 de marzo de 1988 se presentó material, no prohibiendo casarse y tener hijos, pero sí planteando preguntas de retórica y situaciones que indican que sería recomendable no tenerlos. En el documento número 34 se puede observar que una de estas situaciones es que "estamos en el tiempo del fin". Puesto que eso implica que hay que cumplir con Mateo 24:14, entonces, se dice que hay que preguntarse "qué efecto tendrá su participación en esa obra vital el que ellos (los cristianos) se casen o, si están casados, el que tengan hijos". A continuación se da de nuevo el ejemplo de Noé y su familia, haciéndolo aplicativo a exactamente nuestros días. Así, se está volviendo en cierto modo al criterio de 1939.

Este mismo número de la revista Atalaya, en la página 24 y párrafo 6, plantea esta otra situación: "Si la esposa no es fuerte en sentido espiritual, ¿qué efecto tendrá un bebé (o varios bebés) en su estudio personal y en sus oportunidades de participar en la predicación?" Así, otra situación que debe determinar si tener o no hijos, según tales criterios, es la cantidad de tiempo disponible de una persona para estudiar y predicar de casa en casa. (Compárese, por favor, con Tito 2:4,5).

Todavía se da, en al misma página 24, otra "razón' o situación que disuade de tener hijos: "Frecuentemente sus hijitos impiden que las esposa concentren su atención en las reuniones". Entonces, aludiendo a las situaciones que acabamos de leer, plantea la siguiente pregunta: "¿Puede calificarse de responsable la paternidad si permite que se lleguen a las situaciones que hemos descritos?" (página 24, párrafo 7). Juzgue el lector.

dato divino de "multiplicaos y henchid la tierra" no aplica a los engendrados del espíritu, esto es, al resto, sino que los representados por Noé, los fieles que heredan el reino con Cristo, están incluídos en y asociados con Cristo Jesús, "el Padre Eterno," quien da vida a todos los que han de recibirla después del Armagedón, incluso los que serán levantados de la muerte.

Teniendo en cuenta que el mandato divino fué dado únicamente a hombres justos o a los que fueron contados como justos por el Señor, y que la grande muchedumbre que sobrevive al Armagedón serán los únicos de la raza humana que habitarán la tierra, y que los de la grande muchedumbre serán contados como justos por el Señor a causa de su fe y obediencia, ¿no es razonable y bíblico arribar a la conclusión de que los miembros de la grande muchedumbre cumplirán el mandato divino conforme a la voluntad de Dios bajo el inmediato mando y dirección de Cristo? Surge pues la pregunta, Puesto que el Señor está ahora juntando a las "otras ovejas", las cuales formarán la grande muchedumbre, ¿debería ésta comenzar desde ahora a casarse y a engendrar hijos en cumplimiento del mandato divino? La contestación es en la negativa; lo cual es plenamente apoyado por las Escrituras. Los hijos de Noé y sus esposas no engendraron hijos durante el diluvio. No hay evidencia alguna de que se hayan tomado niños en el arca. Solo ocho personas salieron del arca, y eso es prueba concluyente de que los hijos de Noé no engendraron hijos antes o durante el diluvio. (Génesis 7:13; 8:16) En el cuadro profético se muestra que ningu-

"El superintendente [*e.pis'ko.pos*] por lo tanto debe ser irreprensible, el esposo de una sola mujer, . . . un hombre que gobierne a su propia casa de una manera correcta, teniendo sus hijos en sujeción con toda seriedad; . . . Que los siervos ministeriales [*di.a'ko.noi*] sean esposos de una sola mujer, gobernando de una manera correcta a sus hijos y sus propias casas."—1 Timoteo 3:2-4, 12, *NM*.

[3] No se requería un voto de celibato de los que eran nombrados para servir como superintendentes o siervos ministeriales ni tenían que vivir la vida de solteros. El único requisito era que, si eran casados, tuvieran sólo una esposa. Aunque era casado y todavía vivía su suegra, Pedro (Cefas) fué escogido para ser uno de los doce apóstoles del Cordero Jesucristo. También Pablo mantuvo que tenía el derecho de llevar consigo a una esposa en el curso de su servicio como apóstol, diciendo: "Tenemos autoridad para llevar con nosotros a una hermana como esposa, así como los demás de los apóstoles y los hermanos del Señor y Cefas, ¿no es así?" (1 Corintios 9:5, *NM; Hisp.-Am.; UTA; Móff.*) Se predijo que una de las señales de apostasía de la verdadera fe por parte de algunos en tiempos más tarde sería que algunos estarían "vedando el casarse".

2, 3. (a) ¿A qué norma original para el hombre casado se adhirió la congregación cristiana? (b) ¿Se les prohibía a sus siervos casarse?

(1 Timoteo 4:3) No se requería que los cristianos casados se opusieran al propósito del matrimonio, el de parir hijos. Pero para ser aptos para un servicio nombrado en la congregación se requería que los superintendentes y auxiliares ministeriales gobernaran a sus hijos de una manera correcta, dirigiéndolos de tal manera que no trajeran reproche sobre la congregación y sus representantes.—Tito 1:5, 6.

El tener hijos hoy día

[15] ¿Cómo deben ver los cristianos el matrimonio y el tener hijos hoy día, en este "tiempo del fin"? (Daniel 12:4.) Es más cierto que nunca que "la escena de este mundo está cambiando", o como lo dice otra traducción: "El mundo, tal como lo conocemos, pronto pasará". (1 Corintios 7:31, *La Biblia al Día*.)

[16] Ahora, más que nunca, "el tiempo que queda está reducido". Sí, es limitado el tiempo que queda para que el pueblo de Jehová termine la obra que él le ha encomendado, a saber: "Estas buenas nuevas del reino se predicarán en toda la tierra habitada para testimonio a todas las naciones; y entonces vendrá el fin". (Mateo 24:14.) Esa obra tiene que efectuarse antes de que venga el fin. Por eso, es apropiado que los cristianos se pregunten qué efecto tendrá en su participación en esa obra vital el que ellos se casen o, si están casados, el que tengan hijos.

Un ejemplo de la antigüedad

[17] Jesús asemejó el tiempo de "la presencia del Hijo del hombre" a "los días de Noé". (Mateo 24:37.) Noé y sus tres hijos tenían que efectuar un trabajo específico antes del Diluvio. Envolvía construir un arca gigan-

---

15, 16. a) ¿Cómo es 'reducido el tiempo que queda' para los cristianos que viven hoy? b) ¿Qué preguntas deben hacerse los cristianos?
17. a) ¿Qué trabajo tenían que efectuar antes del Diluvio Noé y sus tres hijos, y cuánto tiempo parece que tomó? b) ¿Qué razones pudiera haber para que los hijos de Noé y sus esposas evitaran tener hijos durante el período antediluviano?

DOCUMENTOS 32, 33, 34

Se podría escribir bastantes volúmenes para señalar lo funesto que es y las muy serias consecuencias implicadas en la pretensión de ser profeta o portavoz especial de Dios, a pesar de tener la Palabra de Dios en forma escrita, completamente terminada y, consecuentemente, "útil para enseñar para redargüir, para corregir, para instruir en justicia". ¡Qué temor deben inspirar en nosotros estas palabras! ¿Qué podríamos añadir nosotros, los humanos imperfectos, a algo que proviene de Dios y que es ya perfecto desde su punto de vista? ¡Nada!

Añado un ejemplo más, y con él cerramos este capítulo, apuntando a ese punto básico, central: Hablar cuando Dios calla, yendo más allá de los que es Su bendita Palabra, trae siempre muy tristes consecuencias. El siguiente ejemplo lo ilustra muy bien, una vez más.

En el año 1975 *La Atalaya* aportó "nueva luz" al señalar que ciertas prácticas dentro del mismo arreglo matrimonial suministraban base para un divorcio bíblico. En consecuencia, la parte ofendida, la que se consideró obligada por el otro cónyuge a las imposiciones de éste, podría obtener un divorcio que le dejaría, como parte denunciante, libre para volver a casarse. Como en tantos otro casos (algunos de ellos mencionados en este capítulo) no nos sorprenderá averiguar que, después de unos años de vigencia, dicha información fue anulada por "nueva luz" dispensada por el pretendido "esclavo fiel y discreto", supuestamente encargado de proveer "alimento al debido tiempo" a la familia de la fe.

Una vez más la pregunta lógica que un Testigo debería hacerse y contestarse honestamente es: ¿Puede considerarse "alimento al debido tiempo" una enseñanza que dentro de unos años deberá ser necesariamente cambiada por estar en claro conflicto con la Palabra de Dios? Y, como se ha apuntado necesariamente en páginas anteriores, ante tantos cambios habidos, ¿cómo podemos estar seguros de que algo que se está dando hoy como "verdad' no se cambiará mañana? Puesto que un mismo punto ha sido cambiado dos, tres y hasta cuatro veces (vea los documentos 4 al 7 donde la misma Sociedad *Watchtower* da a través de los años cuatro diferentes sentidos al término bíblico "Babilonia") ¿cuál de ellos habría de considerarse, en verdad, "alimento al debido tiempo"?

Pero, volviendo al caso que nos ocupa, esta información nueva presentada en *La Atalaya* en el año 1975 (ver documento 35) dio base a unos cuantos casos de divorcio, con las consecuencias que de ello se deriva, dentro de la misma organización de los Testigos. Ocho años más tarde *La Atalaya* (ver documento 36) dio un giro de 180 grados en esta cuestión y, como si de cosa leve se tratara, dio este comentario en una nota al pie de la página: "Esto es una aclaración…. No se debe criticar a los que obraron de acuerdo con el conocimiento que tenían entonces".

¿Cuántas familias rotas, divididas? Eso queda en lo indefinido. ¿Quién cargará ante Dios con la responsabilidad por dichos conceptos erróneos? Que Dios lo juzgue todo a Su debido tiempo. Nosotros, abramos bien los ojos.

1. Ver Efesios 6:23; Colosenses 1:4; 1 Tesalonicenses 1:3, donde ambas expresiones van siempre unidas.
2. En la página 288, este libro establece que 539 corresponde con el destronamiento de la monarquía ostrogoda. Así se justifica la fecha como importante para que de ahí partan los 1.260 "años".
3. Ver el libro de Flavio Josefo, historiador judío, *Contra Apión*, página 83. Dicha información está de acuerdo con Beroso (tercer siglo antes de Cristo) y Ptolomeo (unos 400 años después de Beroso), ambos historiadores; también es apoyada por datos astronómicos de tablillas encontradas.
4. Los Testigos de Jehová están divididos en dos clases: a) los "ungidos" con esperanza celestial; b) la "gran muchedumbre de las otras ovejas", con esperanza de vivir para siempre en la Tierra.

● ¿Constituyen las prácticas lascivas de parte
de una persona casada para con su propio cónyuge base bíblica para que el cónyuge ofendido
obtenga un divorcio?

Hay veces cuando las prácticas lascivas dentro del arreglo matrimonial suministrarían base
para un divorcio bíblico. Por supuesto, las San-
tas Escrituras no fomentan el divorcio ni man-
dan a la parte inocente que se divorcie de su
cónyuge que se entrega al adulterio o crasa
perversión sexual.

Concerniente al divorcio, Jesucristo declaró:
"Cualquiera que se divorcie de su esposa, a no
ser por motivo de fornicación, y se case con
otra comete adulterio." (Mat. 19:9) "Todo el
que se divorcie de su esposa, a no ser por motivo de fornicación, la expone al adulterio, y
cualquiera que se case con una divorciada comete adulterio."—Mat. 5:32.

Así se pone de manifiesto que la "fornicación"
es la única base para divorcio. En el griego
común en el cual están registradas las palabras
de Jesús, el término "fornicación" es *porneia*,
que designa todas las formas de relaciones
sexuales inmorales, perversiones y prácticas
lascivas como las que se pudieran llevar a
cabo en una casa de prostitución, incluyendo
copulación oral y anal.

En cuanto a las declaraciones de Jesús acerca
de divorcio, no especifican con quién se practica
la "fornicación" o *porneia*. Dejan el asunto
abierto. El que se puede considerar correctamente que *porneia* incluye perversiones dentro del arreglo del matrimonio se ve en el
hecho de que el hombre que obliga a su esposa
a tener relaciones sexuales contranaturales con
él realmente la "prostituye" o "corrompe." Esto
lo hace culpable de *porneia*, pues el verbo griego relacionado *porneuo* significa "prostituir,
corromper."

De consiguiente, podrían surgir circunstancias que harían de las prácticas lascivas de una
persona casada para con su cónyuge una base
bíblica para divorcio. Por ejemplo, una esposa
puede hacer lo que razonablemente pueda para
impedir que su esposo le imponga perversiones
como las que se llevan a cabo en un burdel. Sin
embargo, debido a su mayor fuerza, él pudiera
sobreponerse a ella y usarla para sexo perver-
tido. A fin de no ser prostituida de esta manera
en otra ocasión, una esposa cristiana quizás
decida obtener un divorcio. Ella podría establecer con la congregación que la verdadera razón
para esto es *porneia* y luego proceder a conseguir un divorcio legal sobre cualquier base
verídica aceptable a los tribunales del país.

Pero ¿qué hay si uno de los cónyuges quiere o hasta exige que su compañero participe en lo que claramente es una práctica sexual pervertida? <u>Los hechos que se han presentado aquí muestran que *porneia* encierra conducta sexual ilícita *fuera* del arreglo matrimonial.</u> Por eso, el que uno de los cónyuges exija que el otro participe en actos de perversión, como <u>cópula oral o anal, *dentro* del matrimonio no constituiría base bíblica para conseguir un divorcio que librara a cualquiera de los dos cónyuges para volver a casarse</u>*. Aunque el cónyuge creyente se sienta angustiado por la situación, el que esa persona se esfuerce por apegarse a los principios bíblicos resultará en que Jehová la bendiga. En tales casos pudiera ser útil que la pareja considerara francamente el problema y tuviera presente en particular que las relaciones sexuales deben ser honorables, sanas, una expresión de *tierno cariño* Esto ciertamente debería excluir cualquier práctica que pudiera angustiar o perjudicar al cónyuge de uno. (Efesios 5:28-30; 1 Pedro 3:1, 7.)

* Esto es una aclaración de lo que apareció en *La Atalaya* del 15 de abril de 1975, página 255, y 15 de julio de 1978, páginas 30 a 32, y un ajuste en el entendimiento de ello. No se debe criticar a los que obraron de acuerdo con el conocimiento que tenían entonces. Esto tampoco afectaría la posición de alguien que en el pasado haya creído que la conducta sexual pervertida de su cónyuge en el matrimonio constituía *porneia* y, por lo tanto, obtuvo un divorcio y ahora está casado o casada con otra persona.

Capítulo Cuatro

"Por tu propia boca te juzgo"
(Lucas 10:22)

El Juez viene. El tiempo para que Dios juzgue a los vivos y a los muertos vendrá; a su debido tiempo, pero vendrá. Según las Sagradas Escrituras para unos esto significará inmenso gozo; no obstante, para otros significará "el lloro y el crujir de dientes". Puesto que la Biblia no enseña que habrá una segunda oportunidad para aquellos que sean juzgados adversamente por nuestro Señor Jesucristo, eso significa que es nuestro deber, hoy, mantenernos alerta. ¡Cuántas veces nos hizo esa admonición nuestro Señor! El conoce perfectamente las sutilezas del adversario, por eso vez tras vez nos dice: "Velad, pues" (Mateo 24:13, 42; 25:13).

¿Por qué habría de usar en el juicio Jesucristo la expresión por él anunciada "por tu propia boca te juzgo"? En primer lugar, parece ser que nada que diga un catalogado "mal siervo' a su favor le será de beneficio. Pero hay otras palabras de Jesús, también al respecto esclarecedoras. En Mateo 7:1, 2 él dijo: "No juzguéis, para que no seáis juzgados. Porque con el juicio con que juzgáis, seréis juzgados, y con la medida con que medís, os será medido".

Parece evidente que una característica de un "mal siervo" es la de —adelantándose al Juez Supremo— juzgar a los demás. Estos, además, no satisfechos con emitir sus juicios particulares para con otros, quisieran al mismo tiempo infligir castigo a aquellos que ellos mismos han juzgado adversamente. Pero las palabras del Señor en Mateo 7:1, 2 señalan con claridad que en su momento, los que tal hacen, serán ellos mismos "pillados" por sus propias actitudes —totalmente expuestas ante el Juez así como por sus palabras y sus acciones.

En la antigüedad, cuando en el mismo pueblo de Israel se levantaba un pretendido profeta que empezaba a decir o pronosticar cosas para el futuro en el mismo nombre de Jehová, vemos que la regla que había que tener en cuenta para determinar si venía de Dios o no, era básicamente lo que hemos leído de Lucas 19:22 , es decir, "por tu propia boca te juzgo". En caso de haberse tratado de un falso profeta, notamos con interés que él mismo producía la evidencia en contra de su propia pretensión de ser un profeta verdadero del Dios Jehová. Así para probar y dejar claro que era un falso profeta, no se necesitaban montones de evidencia. En realidad, bastaban dos cosas básicas: 1) sus propias declaraciones; 2) los testimonios de dos o tres testigos. Veamos cómo declara sobre esto el registro bíblico.

En Deuteronomio 18:20-22 la Palabra de Dios dice con contundencia y claridad: "El profeta que tuviere la presunción de hablar palabra en mi nombre, a quien yo no le haya mandado hablar ... el tal profeta morirá. Y si dijeres en tu corazón: ¿Cómo conoceremos la palabra que Jehová no ha hablado?; si el profeta hablare en nombre de Jehová, y no se cumpliere lo que dijo, ni aconteciere, es palabra que Jehová no ha hablado; con presunción la habló el tal profeta; no tengas temor de él". Por lo tanto, queda claro que aquel falso profeta era juzgado en virtud de sus propias declaraciones.

En el capítulo segundo de este libro ya hemos considerado que en nuestro tiempo también se han alzado y se alzan personas que han hecho en varias ocasiones predicciones concretas que no se han cumplido. Tal vez lo más grave del asunto es que lo han hecho y lo siguen haciendo en el nombre de Dios, como quienes están siendo verdaderamente usados por Dios a pesar del continuado registro de declaraciones proféticas fallidas. Entonces, en virtud de las palabras que hemos acabado de leer del libro de Deuteronomio, considero un verdadero deber cristiano el que se dé la advertencia y que, hasta donde proceda, prevengamos. Como ya se ha mencionado en otras páginas de este libro, lo que al respecto se haga habrá de hacerse siempre con el incentivo que emana del amor. También la prudencia tendrá que jugar un papel muy importante siempre que exista motivo para usar de tales argumentos. Pero, en definitiva, se ha de advertir en contra del error; ¡se trata de un asunto vital!

Recuerde que la mayoría de los Testigos son víctimas, de alguna manera, de la situación en que se encuentran. Con sutileza se les ha inducido a pensar que la misma Sociedad *Watchower* está siendo usada por Dios hoy día; que es provisión de Dios para nuestro tiempo. Para invertir los valores vamos a necesitar: oración, prudencia, y argumentos de valor dirigidos con tino (1 Corintios 9:22)

Un breve repaso de las profecías fallidas

Información ampliada al respecto la encontramos en el capítulo tercero de esta publicación. No obstante, antes de proceder a citar las propias declaraciones hechas por la Sociedad para señalar lo que es un falso profeta en contraste con el verdadero, veo apropiado refrescar la mente del lector sobre las declaraciones formales hechas por los Testigos respecto de fechas concretas, bien señalando a eventos que se suponían pasados o bien futuros.

1799: Respecto de esta fecha se dijo textualmente: "Definitivamente marca el comienzo del tiempo del fin". Tal información fue publicada por millones de piezas de literatura. Por varias décadas así lo creyeron y enseñaron a otros los Testigos.

1874: Las publicaciones de la Sociedad afirmaron que ese año marcaba el tiempo de la segunda venida de Cristo. Entre otras, se hizo esta declaración oficial: "Fue en el año de 1874, la fecha de la segunda venida del Señor, cuando se formó la primera organización obrera del mundo".

1878: Sobre esta otra fecha se dijo sencilla y llanamente —refiriéndose al puesto del Señor Jesucristo como rey— "la inauguración formal de su oficio real es desde Abril de 1878 A. D."

1914: Tras declarar que lo que se estaba presentando era "evidencia bíblica", se dijo lo siguiente sobre esta fecha: "Será el límite final para el dominio de los imperfectos hombres ... la ruina de las instituciones presentes".

1925: También se hizo una declaración contundente al referirse a esta fecha y a los eventos que a ella se le aplicaban. Se dijo: "Por lo tanto podemos esperar confiadamente que el año 1925 marque el retorno de Abraham, Isaac, Jacob y los fieles profetas de la antigüedad, particularmente aquellos mencionados por el apóstol en Hebreos capítulo once, a la condición de humanos perfectos". Al no provenir de Dios, lógicamente, tal profecía no se cumplió. Pero sorprende que en el año 1930 se construya una casa para dichos príncipes y que en el año 1942 se declare lo siguiente: "Es de esperarse que estos fieles hombres de la antigüedad vengan de la tumba de un momento a otro".

1975: Sobre esta fecha que los Testigos consideraron importantísima, *La Atalaya* 1 de enero de 1969, página 14 dijo: "Su interés ha sido avivado por la convicción de que 1975 marcará el fin de 6.000 años de historia humana desde la creación de Adán. La proximidad de tan importante fecha de veras enciende la imaginación". También, el libro VIDA ETERNA EN LIBERTAD DE LOS HIJOS DE DIOS, página 29, dijo: "Según la cronología bíblica fidedigna seis mil años de la creación del hombre terminarán en 1975, y el séptimo período de mil años de la historia humana comenzará en el otoño de 1975 E.C.". Entonces, unas líneas más abajo, siguió diciendo: "¡Cuán apropiado sería que Jehová Dios hiciera de este venidero séptimo período de mil años un período sabático de descanso y liberación, un gran sábado de jubileo para que se proclame libertad por toda la tierra a todos sus habitantes!"

Comprometidos por sus propias declaraciones

Es interesante —aunque resulte irónico— cómo la misma Sociedad define lo que es un falso profeta y el trato que merece, así como lo que es un profeta verdadero y cómo identificarlo. Así que, la revista *¡Despertad!* del 8 de abril de 1969, página 23, declaró: "Ha habido personas que en tiempos pasados predijeron un 'fin del mundo' hasta anunciando una fecha específica.... Sin embargo, nada sucedió.... ¿Por qué?... A tales personas les faltaban las verdades de Dios y la evidencia de que él las estaba guiando y utilizando". Honradamente, ¿no se pueden usar aquí las palabras del Señor Jesucristo que citábamos al principio de este capítulo, es decir, "por tu propia boca te juzgo"?

Considere también las declaraciones hechas por dicha Sociedad en su libro EL PARAISO RESTAURADO... ¡POR LA TEOCRACIA!, página 356. El párrafo veintidós dice en parte: "Jehová, el Dios de los verdaderos profetas, avergonzará a todos los falsos profeta... por no cumplir la falsa predicción de estos que se engrandecen y presumen de sí mismos". Entonces, en el párrafo veinticuatro apunta a lo inconsecuente que sería mostrar amistad y amar intensamente a cualquier profeta falso. Ahora bien, ¿qué es un profeta verdadero? En la siguiente página, la misma publicación dice cuáles son los distintivos principales de tal clase de profeta, a saber, a) una "verdadera personalidad cristiana" y b) su "adherencia leal a la Palabra de Jehová y sus profecías". ¿Cómo saldría la Sociedad *Watchtower* de tal examen?

Puesto que los hechos hablan por sí mismos, no voy a terminar este capítulo con muchos comentarios. Más bien, después de mencionar que esto es o supone una situación que requiere nos aseguremos de estar en la línea correcta cara al futuro, dejaré que un párrafo de una de las publicaciones de la Sociedad *Watchtower* constituyan las últimas palabras de esta sección:

Capítulo Cinco

Expulsados por disentir de la Watchtower

La iglesia del Dios viviente es columna y apoyo de la verdad. Por esta sencilla razón, no toda persona es apta desde el punto de vista de Dios para ser parte de Su Iglesia. Además, es indudable que el enemigo común de los propósitos de Dios, Satanás el diablo, trataría por todos los medios de corromper la unidad y estabilidad de la iglesia de Cristo, por medio introducir en ella (la iglesia oficial) elementos indeseables que tuvieran el efecto de levadura que leuda toda la masa.

Para evitar que dicha situación se produjese, la Palabra de Dios establece normas apropiadas que seguir. Esas normas podrían implicar disciplina para algunos y, a la vez, tal disciplina podría significar de vez en cuando la excomunión de alguien que claramente se reitera en la rebeldía, herejía o crasa inmoralidad.

Pero, en un caso extremo como en este, ésta debiera ser siempre la idea principal y propósito prevaleciente: la restauración espiritual plena del individuo implicado. La misericordia divina jamás sería un impedimento en forma alguna a que alguien verdaderamente arrepentido encuentre la senda de regreso a una renovada comunión con el Señor a fin de servirle y adorarle más plenamente. Cualquier procedimiento contrario a estas metas misericordiosas, indudablemente no podrían venir de Dios. basta leer cuidadosamente el capítulo 15 del evangelio de Lucas para comprender cuál es el verdadero carácter de Dios (representado por el padre del hijo pródigo de esta parábola) en este asunto.

Las Sagradas Escrituras, no obstante, no sólo nos hablan de la actitud de Dios hacia aquellos verdaderamente arrepentidos, sino que nos enseña también que Dios se compadece de personas obstinadas, y sigue ejerciendo para con ellas su gracia común y amor, al objeto de *producir* en ellas arrepentimiento. Un buen ejemplo que apunta hacia esta gran verdad, lo encontramos en el registro de Oseas, profeta de Dios. El habla del pueblo de Israel como un pueblo rebelde, obstinado. Pero, ¿cómo trató Dios de producir arrepentimiento a personas de esa clase? En el capítulo once y versículos 3 y 4 leemos: "Yo con todo eso enseñaba a andar al mismo Efraín, tomándole de los brazos; y no conoció que yo le cuidaba. Con cuerdas humanas lo atraje, con cuerdas de amor".

¿Aceptaba Dios por ello las actitudes impropias de su pueblo? ¡De ninguna manera! El mostró reiteradas veces, con claridad, que los sacrificios ofrecidos a El en tales condiciones le eran detestables. El objeto de un padre amoroso en estos casos es facilitar el camino para el retorno; no mediante la coacción y el trato rayano en el odio. Sino, más bien, dando visas de amor. Con razón está escrito de nuestro amoroso Padre celestial: "Padre de misericordias y Dios de toda consolación" (ver 2 Corintios 1:3)

¿Por qué han disentido muchos de la Watchtower?

De personas que disienten francamente de ciertas enseñanzas contenidas en la revista *La Atalaya*, se suele decir entre las congregaciones de los Testigos que se trata de personas orgullosas que han dejado a Jehová. Por supuesto, dicha información supone lo que muchos desean saber; pero en numerosos casos tal información está muy alejada de la realidad. Con comentarios de esa índole se suele poner en muchos casos punto final a las cuestiones que disidentes honrados hacen surgir en las mentes de muchos. No obstante para otros, en no pocos casos, ello ha supuesto el incentivo que necesitaban para hacer un análisis exhaustivo y sincero, en oración, y a la luz de la Palabra de

Dios. Finalmente, ellos fueron expulsados también por "apóstatas" con las implicaciones que ello conlleva.

Todo aquel que se haya familiarizado un poco con las publicaciones de la Sociedad *Watchtower* puede ver que sus enseñanzas están en un plan de constante cambio. Como se ha evidenciado en páginas anteriores, cosas que se enseñaron hace unos años no se enseñan hoy y, evidentemente, cosas que se enseñan hoy no estarán contenidas en su cuadro de enseñanzas del futuro. Esto de por sí ha supuesto una razón poderosa para que muchos, confundidos por ello, empezasen una investigación profunda de asuntos que les eran sospechosos; pero eso sí, a la luz de las Sagradas Escrituras, que sí son inspiradas de Dios y totalmente útiles para hacer al hombre de Dios cabal. Estas son algunas conclusiones a las que hemos arribado muchos de nosotros al hacer tal análisis, por separado, y en muchos casos sin saber en absoluto que otros habían llegado a conclusiones similares a las nuestras:

Que Dios no tiene hoy día un "esclavo fiel y discreto" colectivo como encargado de interpretar las Sagradas Escrituras, sujeto a grandes equivocaciones de índole profética, doctrinal y moral; que la fecha 1914 no es bíblica y que no es, por lo tanto, la clave para entender que estamos en la última generación de este mundo; que no hay en absoluto base bíblica para señalar al año 1935 como año que hubiera de surgir una "gran muchedumbre" de Cristianos, que habría de sobrevivir al fin del mundo a fin de suponer el fundamento para la "nueva Tierra"; que la iglesia de nuestro Señor Jesucristo, desde que él la fundara y hasta que él venga, no consta de 144.000 miembros. Que esta cifra no es sinónima de la Iglesia del Señor; que no existen hoy dos clases de cristianos, unos con esperanza de vida en los cielos y otros con las esperanza de vida en la Tierra.

Por supuesto, hemos llegado a más conclusiones comunes, quienes hemos hecho una investigación profunda, con oración y a la luz de la Palabra de Dios. Pero podría decir que esto supone lo más típico del fruto de nuestras primeras investigaciones.

Típico ha sido también el profundo deseo que hemos experimentado de querer compartir esto con otros, principalmente familiares y amigos. Aunque hemos visto, también, que ello requería bastante delicadeza y prudencia (1 Pedro 3:15). Hay que respetar a las personas. Por otro lado, no conviene dar a nadie demasiada luz de pronto, y siempre hay que tener en cuenta las limitaciones posibles de quien está delante de ti. En mi caso particular esperé un momento apropiado para compartir gradualmente con mi esposa lo que yo había aprendido de la Biblia en los últimos años. Yo no podía enseñarle todo eso en un par de noches. Pero a pesar de todo, ello supuso un gran impacto en ella que la llevó a llanto profundo en varias ocasiones. No obstante, y doy gracias a Dios por ello, ella se aferró a la oración y al estudio profundo de la Palabra de Dios. El resto fue obra del Espíritu Santo.

Otras razones que han llevado a muchos a disentir de la organización tiene que ver con el trato que reciben los expulsados por disentir, y el observar el modelo de vida cristiana que estos llevan. Cuando como consecuencia de mi firme actitud a favor de la verdad bíblica fui declarado apóstata y se presionó al Testigo que me había dado trabajo en su oficina para que me lo quitara (lo cual hizo), esto afectó positivamente a mi esposa. Si alguna duda le quedaba de que aquella fuera la organización exclusiva de Dios, ésta pronto fue desvanecida. Esto causó también una mella honda en una hermana mía y su esposo quienes no tardaron mucho en abandonar la organización y que siguen ahora estudiando la Palabra de Dios con fe firme de que su salvación está en Cristo el Señor.

Al observar también en lo que resultó nuestra conducta tras salir de la organización, personas que estaban estudiando con los Testigos manifestaron el deseo de seguir estudiando la Biblia con nosotros, y hasta hoy siguen progresando muy bien en la aceptación del evangelio.

Aumenta la presión y la intimidación

La misma revista Atalaya reconoce que durante la década de los años 1970, "ancianos" prominentes de dentro de las filas de los Testigos manifestaron abierto desacuerdo para con ciertas enseñanzas de la organización. Desde el punto de vista de la Sociedad *Watchtower*, no cabía duda de que eso era muy peligroso. Comentando sobre esos años en particular, La Atalaya del 15 de diciembre de 1986 mencionó en su página 20 lo siguiente: "A mediados de la década de los setenta algunos ancianos prominentes se sintieron disgustados.... Les pareció bien volver a las enseñanzas babilónicas. Disimuladamente trataron de suscitar dudas acerca de los 'últimos días'.... Finalmente tuvieron que ser expulsados".

Apuntando a la inquietud que esto causó en los miembros dirigentes de la Sociedad, el mismo número de *La Atalaya* añadió: "Posiblemente la presencia de un pequeño número de apóstatas había contribuido a que la obra de Jehová se retardara durante la segunda mitad de los años setenta ... cuando el promedio anual de aumento en las filas de los testigos de Jehová disminuyó a menos de uno por ciento". Entonces, para causar el máximo desprestigio posible a aquellos disidentes, ese mismo artículo enseñó que la actitud de ellos ya había sido tipificada por el Acán de la antigüedad y su pecado al cometer éste una "locura deshonrosa en Israel", lo cual dio la base para que fuera junto con su familia lapidado y, entonces, ellos y sus posesiones quemados con fuego.

Todo eso se mencionó apuntando a la última parte de la década de los años 1970. Sin embargo, la preocupación del Cuerpo Gobernante no acabó con aquellos incidentes. A innumerable cantidad de Testigos sorprendió mucho el siguiente anuncio hecho en un boletín llamado *Ministerio del Reino* de septiembre de 1980 (edición para España): "Sirve esto para anunciar la renuncia de Raymond Victor Franz como miembro del Cuerpo Gobernante y de la familia de Betel de Brooklyn, efectiva desde el 22 de mayo de 1980". Y, aun más sorprendió el llegar a saber, más adelante, que este hombre que por bastantes años había formado parte del cuerpo gobernante de los Testigos, finalmente fue expulsado de la organización el 31 de diciembre de 1981. ¿Y por qué "razón"? La razón que se dio para ello fue que se le había visto comiendo en un restaurante con una persona desasociada de la organización

(Raymond Franz, en ese entonces, trabajaba como empleado de dicha persona).

En fin, todas aquellas personas que habían disfrutado de cierta prominencia en la organización, de cualquier manera sabían bastantes cosas que no convenía, desde su punto de vista, que trascendieran hacia el seno de la organización misma. Antes que se evidenciara su actitud, muchos de los que finalmente fueron expulsados habían hecho verdaderamente profundas investigaciones sobre bastantes asuntos pertinentes. Evidentemente no les convenía a los líderes de los Testigos que el fruto de aquellas investigaciones fuera conocido, que trascendiese en forma alguna. Y, desde luego, no eran asuntos de ínfima valorización. Como se puede ver, eran cosas de vital importancia: ¿Era correcta la cronología que lleva al año 1914? ¿Es verdad que la Iglesia de Jesucristo sólo consta de 144.000 miembros? En vista de Hechos 4:12 ¿está relacionada la salvación con una organización humana o sólo con Cristo? ¿Cuán fidedigna es la *Traducción del Nuevo Testamento* que usan los Testigos? Por lo tanto y muy evidentemente, ante el temor hubo un endurecimiento en cuanto a la actitud y trato que se debía tener para con los expulsados, especialmente a los considerados "apóstatas".

La Atalaya enseña un cambio de actitud para con los expulsados de la organización

"La misericordia divina señala la senda de regreso a los que han errado" y "Manteniendo un punto de vista equilibrado para con los expulsados" fueron los temas principales de estudio en La Atalaya del 15 de diciembre de 1974. Pude constatar que a no pocos Testigos les parecieron aquellos artículos bastante razonables. Era interesante observar cómo se dio mucho énfasis a la misericordia. Se invitó a los "ancianos" de las diversas congregaciones a imitar el ejemplo de Dios mismo para con su pueblo Israel, cuando repetidas veces lo invitaba a volverse a El. Se consideró la parábola del Hijo Pródigo y al respecto se comentó lo siguiente: "La manera en que reaccionó el padre de la parábola al ver regresar a su hijo descarriado ejemplifica de una manera muy atrayente cómo es el Padre celestial". Se señaló que es propio odiar el mal que haya cometido el expulsado, pero que no es propio odiar al expulsado y tratarlo de manera inhumana, pues Dios mismo hace salir su sol sobre inicuos y buenos y hace llover sobre justos e injustos.

En cuanto a casos concretos en que la misericordia podía evidenciarse, aquella Atalaya de 1974 señaló a casos específicos como los que siguen: Según la actitud de ellos (los expulsados) se les podría saludar con un sencillo "hola". Un padre que tuviera un hijo expulsado bajo su techo podría corregirlo y motivarle al arrepentimiento usando para ello la Biblia. Si el cónyuge de uno fuese expulsado, el otro cónyuge haría bien en motivarlo al arrepentimiento, lo cual podría implicar usar la Palabra de Dios como medio correctivo. En cuanto a tener asociación con parientes expulsados, *La Atalaya* mostró que cada familia tendría que decidir en qué grado mantener dicha asociación.

De estas diferentes maneras se mostró allá en 1974 que, aunque es muy importante mantener la limpieza y pureza de la congregación, jamás se debería caer en descuido, rigidez y dureza con los expulsados; ya que hay gozo en el cielo por cada pecador que se arrepiente. Pero como se ha mencionado, individuos prominentes de la organización habían disentido y discrepado de la organización respecto de asuntos de gran importancia y envergadura. Indudablemente hubo mucho temor de que la información de que disponían trascendiese de forma significativa. Por lo tanto, se procedió a endurecer de una forma muy notable el trato que se debía dar a las personas expulsadas. La misma revista Atalaya que suplió aquella información recalcando la importancia de la misericordia, dio en el año 1981 "nueva luz" que permitiría salir de algún modo de aquella situación histórica. Hubo un verdadero recorte de la libertad de expresión.

En el caso de que un hijo, menor de edad, hubiese sido expulsado, *La Atalaya* del 15 de noviembre de 1981 señaló: "Si el expulsado es un hijo menor de edad, los padres todavía atenderán a las necesidades físicas de éste y proveerán instrucción y disciplina en lo moral. No conducirán directamente con el hijo un estudio bíblico en que éste comentara". En otras palabras, en ocasiones en que la Palabra de Dios hubiera de ser mencionada, se permitiría el monólogo pero no el diálogo.

Otra situación a la que se señaló fue esta: Un padre ya mayor, expulsado. En la página 22 del mismo número de *La Atalaya* se observa un dibujo en el que una hija está atendiendo las necesidades de su padre expulsado. Al lado de dicho dibujo rezan las siguientes palabras: "Puede ser inevitable el que hijos cristianos atiendan en la casa de ellos a un padre expulsado". Se dijo también que lo que se hiciera podía depender de la actitud del expulsado y de la consideración que el cabeza de familia le tenga al bienestar espiritual de los miembros de su casa. Implicado en estas declaraciones está lo siguiente: Si el expulsado, aunque sea el propio padre de uno, no se priva de hablar a sus familiares de sus actuales convicciones bíblicas, esta actitud debe ser tenida en cuenta a la hora de prestarle ayuda, en cuanto a cómo prestársela. Se considera un atentado a la espiritualidad tratar de refutar con la Biblia puntos de vista contenidos en *La Atalaya*.

Aunque allá en 1974 se indicó que a un expulsado se le podía saludar con un sencillo "hola", lo cual, en sí, no es indicación de que se confraterne con él; sin embargo en 1981 hubo un viraje en esto también. En cuanto a esto el mismo número de *La Atalaya* en consideración, en 1981, dijo en la página 19: "Todos sabemos por nuestra experiencia de años que el decir un sencillo "¡Hola!" a alguien puede ser el primer paso que lleve a una conversación y tal vez hasta a una amistad. ¿Quisiéramos dar ese primer paso respecto a una persona expulsada?" Fue así como La Atalaya, en contradicción con la información suplida en sus mismas columnas pocos años atrás, logra endurecer la actitud de los miembros de la organización en cuanto a los expulsados impidiendo con ello que verdadera luz de la Palabra de Dios corra y esclarezca las mentes de muchos.

Tal actitud endurecida en relación con la información suplida algunos años atrás, conduciría inevitablemente a extremos que chocarían con los mismos principios contenidos en la Palabra de Dios. Se han dado casos en que un joven Testigo cuyo padre o padres han sido expulsados por disconformidad con enseñanzas de *La Atalaya*, no ha podido celebrar su banquete de bodas con la presencia de su padre, o padres, allí. En casos concretos dichos padres han seguido estudiando con amor y fervor la Palabra de Dios, llevando vidas de oración y en acuerdo con la voluntad de Dios. Pero la Atalaya suplió información en 1981 que daba la base para que aquellos padres no estuvieran allí, en la boda de su hijo, presentes. Es pues este un ejemplo más que muestra cómo los hombres, al tratar de establecer sus propias normas, quebrantan el mandamiento de Dios. Porque, ¿no era deber del joven que se casó haber honrado a su padre y a su madre en tal ocasión tan especial? Pero, como dijo el Señor Jesucristo, "no le dejáis hacer más por su padre o por su madre" (Marcos 7:10-13).

No obstante, desde que se dieron tales instrucciones allá en 1981, los Testigos en general se han adherido a ellas. No cabe duda, que muchos lo han hecho movidos por un sentido de lealtad hacia la organización. Pero también es muy cierto que otros las han cumplido por temor a ser discriminados, censurados o hasta expulsados de la congregación. Dichas posibilidades fueron mencionadas con claridad en aquel número de *La Atalaya* del 15 de noviembre de 1981. Si no se cumplía con las normas que se establecían, se dijo en dicho número que si era necesario se censuraría al implicado con severidad o se le expulsaría de la congregación. Indudablemente se trata así de establecer un seto protector alrededor de la organización.

El ejemplo de Jesucristo

En Mateo 18:15-17 tenemos registradas las propias palabras de Jesús en cuanto a cómo se debería tratar a un pecador u ofensor que no se arrepiente de su mal proceder. En cuanto a lo que ha de hacer tras haber fracasado en los esfuerzos razonables para la restauración del ofensor, Jesús señaló la vía que se debe seguir, con estas palabras: "Si no oyere a la iglesia, tenle por gentil y publicano". Ahora bien, puesto que Jesús no demostró compartir exactamente los conceptos rabínicos en cuanto a cómo tratar a un "gentil" o "publicano", surge una pregunta interesante. Es esta: ¿Bajo qué ejemplo o concepto deben entenderse las palabras "tenle por gentil y publicano"? ¿Deberíamos entender esto a la luz de los conceptos y escritos rabínicos o más bien a la luz de las Sagradas Escrituras y del ejemplo mismo que Jesucristo nos puso al respecto?

La Atalaya del 15 de diciembre de 1974 explicó que no podíamos guiarnos enteramente por los escritos rabínicos a fin de llegar a un entendimiento correcto de estas palabras. Sin embargo, La Atalaya del 15 de noviembre de 1981 cambió el enfoque de los asuntos, enfoque que, evidentemente, se amoldaba mucho más al concepto rabínico que al bíblico sobre el particular. Se creaba con eso, diría yo, un "conflicto" entre artículos de la misma revista La Atalaya. Por eso, ¿qué hacer ante tal conflicto de atalayas? Pues, ¡acudir a la misma Palabra de Dios! Allí hallamos información confiable.

Por supuesto, el registro bíblico nos enseña que el Hijo de Dios manifestó franco desacuerdo con los extremos rabínicos de su día sobre muchas cosas. Podemos ver que Jesús fue criticado por mantener él mismo cierta relación con gentiles o publicanos. Pero no había peligro en ello, ya que el modo de hacerlo, la actitud y los propósitos del Señor eran enteramente correctos y justos. Por eso, el trato que él tuviera con tales personas no implicó ni estrecha amistad ni confraternidad con ellos.

En consecuencia, vemos que el tratar a un pecador no arrepentido como "gentil y publicano" significa, por supuesto, que no debe haber ningún confraternar con ese individuo. Pero, como bien muestra el ejemplo de Jesús mismo, eso no debe querer decir que hemos de tratar a una persona así como enemiga o que hayamos de rehusar mostrarle cortesía y consideración comunes. Y, sobre todo, no debiera nunca excluir las posibilidades de suministrar ayuda a aquellos que, en verdad, quieren corregir un derrotero incorrecto al objeto de entrar de nuevo en una estrecha relación con Dios.

Pero, como se ha dicho, cuando consideramos la explicación que suministró *La Atalaya* allá en 1981, queda muy evidente un drástico cambio de postura y entendimiento respecto de las palabras de Jesús registradas en Mateo 18:17 y sobre el tema de la "expulsión" en general. Sí, el Cuerpo Gobernante de los Testigos, muy evidentemente, consideró imperiosa la necesidad de enfocar todos estos asuntos de una manera diferente.

De ahí en adelante la manera en que se trató a quienes habían mostrado disconformidad con enseñanzas manifestadas en *La Atalaya*, en preferencia —en muchos casos— por la Palabra de Dios, indica claramente que no se siguió la enseñanza y actitud de Jesús para con otros, aun cuando estuviesen errados. Un ejemplo de esto lo tenemos en *La Atalaya* del 1 de enero de 1982. Hablando de disidentes de la organización, después de compararlos a Satanás, usa para ellos los siguientes adjetivos: Independientes, criticones, tercos, denigrantes, altaneros, apóstatas, desaforados, etcétera.

De forma que, se puede apreciar un verdadero contraste entre estas actitudes expuestas cuando se comparan con la actitud justa y piadosa de Jesús. El, hablando de líderes religiosos de su día, dijo; "Atan cargas pesadas y difíciles de llevar, y las ponen sobre los hombres" (Mateo 23:4). Debido a que no estaban siendo guiados verdaderamente por la Palabra de Dios, estos líderes llegaron a manifestar una actitud extremada, no sólo para con los gentiles o no judíos, sino aun para con sus propios correligionarios. Por eso, muy acertadamente Jesús les dijo; "Id pues, y aprended lo que significa: Misericordia quiero y no sacrificio. Porque no he venido a llamar a justos, sino a pecadores, al arrepentimiento" (Mateo 9:13).

Preciosas y significativas palabras éstas. Pero, qué lamentable que como en aquel entonces, se lleven a cabo hoy mismo actitudes hostiles semejantes. Porque los resultados innecesarios en múltiples casos, han sido y son, muchas' lágrimas derramadas, familias absurdamente divididas, odio manifiesto y hasta verdaderos traumas mentales.

Ojalá que todo esto nos ayude a todos a ver más y más la importancia de aquellas palabras del Señor Jesucristo: "Tu Palabra es verdad". Apeguémonos fielmente a dicha Palabra de Dios. No la pongamos nunca al nivel de los criterios de humanos imperfectos por mejores intenciones que éstos parezcan tener. Al mismo tiempo demostremos poseer la sabiduría que es de lo alto, porque es "amable, benigna, llena de misericordia y de buenos frutos" (Santiago 3:17).

Capítulo Seis

Un evangelio diferente

En Gálatas 1:8-9 leemos: "Mas si aun nosotros, o un ángel del cielo, os anunciare otro evangelio diferente del que os hemos anunciado, sea anatema. Como antes hemos dicho, también ahora lo repito: Si alguno os predica diferente evangelio del que habéis recibido, sea anatema". Básicamente hablando, el evangelio es buenas nuevas o buenas noticias. Proclama el plan de redención de Dios y, por lo tanto, está estrechamente ligado a la persona y obra de Cristo Jesús. Dios, de quien está escrito en Hechos 10:34 "que no hace acepción de personas", hace un llamado a arrepentirse y a recibir el perdón de pecados, al mismo tiempo que muestra una brillante esperanza a todo aquel que cree que en el Hijo tiene vida eterna, siendo en consecuencia guiado por el Espíritu Santo. Los tales, sin excepción, como señala Juan 1:12, reciben "potestad de ser hechos hijos de Dios". (Ver también Romanos 8:14; 1 de Juan 5:1). Este plan de Dios es sencillamente perfecto. Y, tal como se ha leído de Gálatas 1:8-9, nadie tiene autoridad concedida por Dios para modificarlo. Además, se nos advierte que tal pretensión conllevaría graves conse- cuencias.

No obstante, la Palabra de Dios misma anunció respecto de intentos de pervertir el evangelio de Cristo. Ya en los días del apóstol Pablo había algunos, quienes alejados de la gracia de Cristo, causaban perturbación en este sentido, como bien podemos ver en Gálatas 1:6-7. Por supuesto, los siglos que siguieron desde entonces y hasta nuestros días registran muchos más ejemplos como el que se acaba de citar. Pero, gracias a Dios, lo que el evangelio es y proclama, está expuesto con bastante claridad en Su Santa Palabra, las Sagradas Escrituras.

Expectativas de salvación que el evangelio proclama

Efesios 1:13 dice: "En él también vosotros, habiendo oído la palabra de verdad, el evangelio de vuestra salvación, y habiendo creído en él, fuisteis sellados con el Espíritu Santo de la promesa.

Efesios 3:6: "que los gentiles son coherederos y miembros del mismo cuerpo, y copartícipes de la promesa en Cristo Jesús por medio del evangelio".

Colosenses 1:5: "A causa de la esperanza que os está guardada en los cielos, de la cual ya habéis oído por la palabra verdadera del evangelio".

2 Tesalonicenses 2:14: "A lo cual os llamó mediante nuestro evangelio, para alcanzar la gloria de nuestro Señor Jesucristo".

Por supuesto se podrían citar muchos más textos bíblicos que relacionan el evangelio con el programa de Dios para salvación de los redimidos por la sangre preciosa de Jesús. Pero en las pocas citas que hemos elegido o seleccionado ¿qué vemos? ¿Habla el evangelio de dos clases de cristianos en marcha al mismo tiempo, con dos tipos de esperanzas diferentes, que dependen de la clase a la que pertenezcan? ¡De ninguna manera!

De los textos bíblicos que se acaban de mencionar (y de otros muchos que se podrían citar), vemos claramente que el evangelio o buena nueva que nuestro Señor Jesucristo nos legó a través de sus apóstoles, apunta a las siguientes expectativas para los cristianos verdaderos: "ser sellados con el Espíritu Santo"; el tener una "esperanza que está guardada en los cielos" y "alcanzar la gloria de nuestro Señor Jesucristo". En la Palabra de Dios no observamos otro evangelio con otra versión diferente de los asuntos. Se trata de el Evangelio.

En consecuencia, la Palabra de Dios, en Efesios 4:1-5, establece con verdadera claridad que existe sólo una vocación con que fuimos llamados (v.1), un cuerpo y un

Espíritu y una misma esperanza según dicha vocación (v. 4), así como un Señor, una fe y un bautismo (v.5). Sí, el verdadero evangelio no apunta a dos clases de cristianos que existieran en alguna época desde que Cristo vino y hasta que él vuelva. No dice que unos gozarían de una vocación y otros podrían gozar de otra diferente según la época en que vivieran. El evangelio no señala varias maneras de actuar en el creyente en este sentido. No divide la fe en conceptos diferentes sobre estos asuntos. El evangelio apunta a un Espíritu, un cuerpo, una vocación, una esperanza. El evangelio enfatiza la *unidad indivisible* de todas estas cosas mencionadas. Se mantiene anclado en la verdad antes mencionada: Dios "no hace acepción de personas" (Hechos 10:34).

Ahora bien, como se ha dicho, se profetizó que habría intentos de enseñar diferente doctrina, fuera del fundamento apostólico. Indudablemente surgirían individuos de la clase mencionada en 1 Timoteo 1:3-7, individuos que enseñarían diferente doctrina, prestando atención a genealogías interminables, queriendo aparentar doctorado pero en realidad sin entender ni lo que hablan ni lo que afirman.

Al examinar los documentos que seguirán a continuación usted verá cómo ciertas personas han puesto un énfasis desmedido en la fecha 1914. Por supuesto, esta no es una fecha bíblica en absoluto. Pero se ha enfatizado hasta la saciedad que tal fecha es una fecha profética y que supone la generación de personas que de ningún modo pasará de la existencia sin ver el fin del mundo. Podrá ver también que, debido a sostener que la Iglesia del Señor está compuesta exclusivamente de 144.000 miembros, tuvieron que "sacar a la luz" un nuevo grupo de personas que, aunque consideradas cristianas, no formaban parte del nuevo pacto entre nuestro Salvador y el Israel espiritual. ¿Y por qué se tuvo que hacer eso? Particularmente y muy evidentemente, debido a que alrededor de la década de los años 1930 el número de Testigos estaba llegando a la cifra de 144.000 y el Armagedón o fin del mundo, tan esperado en décadas atrás, no había venido tadavía. Tuvieron que llenar, por lo tanto, "vacíos teológicos" con nueva enseñanza o doctrina.

Este otro grupo de cristianos secundarios que no son considerados y honrados por el término bíblico "hijos de Dios" y que llegaron a pasar por mucho la cifra de 144.000, fue encuadrado con la definición de "gran muchedumbre" o gran multitud mencionada en Apocalipsis 7:9. Pero la Palabra de Dios enseñó y estableció que para los cristianos verdaderos había una "sola esperanza" así como una sola fe, un Señor y un bautismo (Efesios 4:4). Además, no sólo mencionó que había solo una esperanza para quienes por la fe aceptaran el rescate suplido por nuestro Señor, sino que también se exhortó a no dejarse mover de ella. (Colosenses 1:23).

LA VERDAD QUE LLEVA A VIDA ETERNA (1968)

Escrituras inspiradas, en Efesios 1:22, 23 (*TA*), nos dicen que Dios hizo a Cristo "cabeza de toda la Iglesia, . . . la cual es su cuerpo." A esta iglesia también se le compara con una muchacha virgen comprometida con Cristo, porque como grupo los miembros de la iglesia verdadera habrán de estar estrechamente unidos a Cristo, como una esposa lo está a su esposo. Escribiendo a ciertos miembros de la iglesia, el apóstol Pablo dijo: "Yo personalmente los prometí en matrimonio a un solo esposo para presentarlos cual virgen casta al Cristo." (2 Corintios 11:2; vea también Revelación 21:2, 9, 10.) De modo que es una congregación limpia, libre de la corrupción mundana y devota a su Cabeza, Jesucristo.

⁴ ¿Pudiera cualquiera de nosotros decidir "hacerse miembro" de esta iglesia sencillamente consiguiendo que le inscriban su nombre en alguna lista de miembros aquí en la Tierra? No; como explica Hebreos 12:23 (*TA*) ésta es la "iglesia de los primogénitos, que están alistados en los cielos." Dios es quien selecciona a los miembros. El los coloca en la congregación según a él le place. (1 Corintios 12:18) Estos son los que estarán con Cristo en el cielo. Y Jesús reveló que, lejos de incluir a todos los que afirman ser cristianos, el número de éstos está limitado a 144.000.—Revelación 14:1-3; Lucas 12:32.

[20] ¿Cuál, pues, es el papel de Cristo en este programa de salvación? Pablo pasa a decir: "Hay un solo Dios, y un solo mediador entre Dios y los hombres [no *todos* los hombres], un hombre, Cristo Jesús, que se dio a sí mismo como rescate correspondiente por todos."—1 Tim. 2:5, 6.

[21] Pablo estaba escribiendo en armonía con los hechos del primer siglo del cristianismo, durante el cual el nuevo pacto había entrado en vigor. En él ya se había introducido a "hombres" de todas las nacionalidades, judíos, samaritanos, gentiles incircuncisos, una vez que llegaban a formar parte del Israel espiritual. Cristo Jesús era el mediador de aquel nuevo pacto. La carta de Pablo a Timoteo respecto a esto era un caso en el que un 'ministro del nuevo pacto' escribía a otro 'ministro del nuevo pacto.' Ese nuevo pacto entre "nuestro Salvador, Dios," y el Israel espiritual continúa durante todo el tiempo que haya israelitas espirituales todavía en la carne como "hombres" aquí en la Tierra. De modo que el pacto está en vigor hoy día. El "rescate correspondiente por todos" de Jesús pone la base para que hombres y mujeres de toda clase lleguen a ser israelitas espirituales y se les introduzca en el nuevo pacto del cual Cristo Jesús es el "un solo mediador."

[22] Todavía hay más de 9.000 personas que afirman ser israelitas espirituales en el nuevo pacto. Como Pablo y Timoteo, éstos son "ministros de un nuevo pacto." (2 Cor. 3:6; 1:1) Es evidente que el nuevo pacto está llegando al fin de su operación, cuyo propósito ha sido producir 144.000 israelitas espirituales

del resto ungido han servido como los "ministros [adecuadamente capacitados] de un nuevo pacto" que ha reemplazado al viejo pacto de la Ley de Moisés. (2 Corintios 3:6.) No son ministros del clero dentro de los centenares de sectas religiosas de la cristiandad, la parte sobresaliente de la Babilonia la Grande del día actual. Han prestado atención a la exhortación y orden de Revelación 18:4 y han salido de ese imperio mundial de la religión falsa.

⁶ La cantidad de los ministros de ese nuevo pacto estaría limitada a 144.000. (Revelación 7:1-8; 14:1-5.) Por eso, tendría que llegar el tiempo en que el Pastor Excelente dirigiría su atención a más allá de los ministros del nuevo pacto. El Primer Ministro de Jehová previó esto, y a ello se refirió cuando dijo, en Juan 10:16, que tenía "otras ovejas", que no eran del "rebaño pequeño" de 144.000. (Lucas 12:32.)

⁷ Aunque las "otras ovejas" no serían del "rebaño pequeño", también serían ministros de Dios, pero no ministros del nuevo pacto. Y el hecho de que aquellas "otras ovejas" llegarían a ser "un solo rebaño" con el resto de aquellos "ministros de un nuevo pacto" indicaría algo magnífico. ¿Qué? Esto: Antes que fueran glorificados en el Reino celestial, los del resto se asociarían personalmente con las "otras ovejas" en la Tierra. De este modo el

6. a) ¿A cuántos está limitada la cantidad de ministros del nuevo pacto? b) ¿Cómo sabemos que el Pastor Excelente dirigiría su atención a personas no admitidas en el nuevo pacto?
7. a) ¿Por qué no son ministros del nuevo pacto los miembros de la clase de las "otras ovejas"? b) ¿Cómo ha llegado a ser ya una bendición para las familias y naciones de la Tierra el resto de los que han sido admitidos en el nuevo pacto?

SEGURIDAD MUNDIAL BAJO EL "PRINCIPE DE PAZ"
(1986)

resto de la descendencia espiritual de Abrahán empezaría a ser una bendición para todas las familias y naciones antes de "la guerra del gran día de Dios el Todopoderoso" en Armagedón y antes que comenzara el Milenio. (Gálatas 3:29; Revelación 16:14, 16.)

[8] Esto es lo que de hecho ha sucedido, particularmente desde 1935. Desde entonces, millones de esas "otras ovejas" se han asociado con las decenas de miles de congregaciones de los testigos de Jehová por todo el globo y se han dedicado al Pastor Supremo, Jehová Dios. De ese modo han sido admitidas en el "un solo rebaño" del Pastor Excelente, Jesucristo.

[9] Puesto que desde entonces en adelante el Mediador del nuevo pacto estaba ampliando el campo abarcado por su atención para incluir también a las "otras ovejas", ¿significaba esto que el ministerio del nuevo pacto había terminado en 1935? No, porque aquí en la Tierra todavía hay un resto de ministros del nuevo pacto, y ellos todavía tienen que terminar ese ministerio.

[10] Hoy día, tanto el resto del "rebaño pequeño" como la creciente "gran muchedumbre" de las "otras ovejas" del Pastor Excelente están recibiendo los beneficios del ministerio de otros que les precedieron, tales como el apóstol Pablo. Mientras

8. ¿Cuándo dirigió su atención el Pastor Excelente a los que no han sido admitidos en el nuevo pacto, y qué paso preliminar han tomado estas "otras ovejas"?
9. El que el Mediador del nuevo pacto ampliara el campo abarcado por su atención, ¿significó que el ministerio del nuevo pacto había terminado en la Tierra?
10. ¿Quiénes se benefician hoy día del ministerio del nuevo pacto que efectuaron los ocho escritores de las Escrituras Griegas Cristianas?

SEGURIDAD MUNDIAL BAJO EL "PRINCIPE DE PAZ"
(1986)

Las "otras ovejas" (Juan 10:16).
Los testigos han señalado reiteradas veces a Juan 10:16 en la pretensión de probar que está justificado el que hoy existan dos grupos de cristianos, unos considerados hijos de Dios, miembros de Su Iglesia y con esperanza de vida en los cielos mientras que el otro grupo —aunque considerados cristianos— no participan de ninguno de estos privilegios descritos. Al decir Jesús que las otras ovejas que él tenía "no son de este redil", los Testigos enseñan que se trataba de personas que no serían parte del nuevo arreglo de cosas bajo el Nuevo Pacto y que nada tendrían que ver con ese Pacto ni con la esperanza gloriosa de reinar con Cristo.

Pero muy claro queda lo que Jesús significó con la expresión "otras ovejas" cuando vemos que él mismo se dirigió en primer lugar a predicar a las "ovejas perdidas de la casa de Israel" (Mateo 15:22-24). También en su momento apropiado transmitió esas mismas instrucciones a sus discípulos. (Mateo 10:5-6). Ahora bien, al tiempo de ascender a lo alto vuelve a dar instrucciones a sus discípulos y les dice: "Serán testigos de mí tanto en Jerusalén como en Judea y en Samaria y hasta la parte más lejana de la tierra" (Hechos 1:8). Por lo tanto, sencilla y llanamente, ahí tenemos la procedencia de aquellas "otras ovejas" que Jesús mencionó tener ya en su día: los no judíos, es decir, los gentiles.

Claro, al decir que los 144.000 mencionado en Apocalipsis capítulo siete son exacta y literalmente todos cuantos compondrían la Iglesia de Jesucristo desde que él la estableció, su idea de que "las otras ovejas" son una clase secundaria de cristianos aparece como lógica. Pero, si por otra parte, no se puede establecer que la cifra 144.000 es sinónima de la Iglesia de Cristo el asunto cambia totalmente.

Es verdad que la cifra 144.000 aparece en Apocalipsis capítulo 7. Pero también es del todo cierto que ni ahí ni en ningún otro pasaje de la Escritura se dice que la Iglesia del Señor sea compuesta por tal número limitado. De necesidad tenemos que preguntarnos esto al analizar dicho capítulo de Apocalipsis: ¿Está tratándose en dicho pasaje de Israel según la carne o del Israel en sentido espiritual? El Testigo afirma que no se trata del Israel literal sino del espiritual. Entonces, prosigamos preguntándole al Testigo: ¿Son literales las doce tribus que ahí se mencionan y es del mismo modo literal que de cada una de esas tribus se escogerá finalmente a 12.000? Pues bien, el Testigo responde que no se trata ni de 12 tribus literales ni literalmente de 12.000 de cada tribu. Entonces, si según su hermenéutica el Israel ahí mencionado es simbólico así como las tribus mencionadas y las cifras 12 y 12.000, ¿cómo es que 144.000 sí es literal, si según tal hermeneútica 144.000 es una cifra que nace de datos todos ellos simbólicos? Según eso, ¿cómo es posible multiplicar 12 (simbólico) por 12.000 (simbólico) y obtener 144.000 (literal)?

Por consiguiente, se ve lógico decir que o bien se trata de un asunto literal o de uno simbólico, pero no de las dos cosas a la vez. Si se opta por decir que es una cifra literal (nacida de datos literales según el contexto), en tal caso se estaría haciendo alusión al pueblo judío y el número 144.000 debería comprenderse tal como suena. Sin embargo, en tal caso, la Iglesia de Jesucristo no estaría implicada, en el sentido de que gentiles o no judíos han formado parte de ella (de hecho la mayor parte) a través de los siglos.

Por otro lado, se considera ridículo afirmar que la Iglesia del Señor no hubiera completado a través de todos los siglos pasados y hasta el año 1935 el número 144.000, no una vez, sino unas cuantas veces. De hecho, la historia confirma que muchos más que 144.000 terminaron sus vidas terrestres en la hoguera y otros medios de suplicio antes de negar aquella preciosa fe que fue dada "una vez a los santos" (Judas 3). De esta manera murieron en el siglo noveno más de 100.000 cristianos durante el reinado de la Emperatriz Teodora; 50.000 a partir del año 1525, pero en particular durante los últimos años de Carlos V; 18.000 durante el reinado de Felipe II (1556-1598). Sí muchos más de 144.000 cristianos fieles han muerto por su amor al Señor y su Palabra en hogueras, por la espada, en cárceles, arrojados desde torres, etcétera, como mártires por causa del evangelio y para la gloria de Dios.

La fecha 1914 entra en juego

Aparte de que consideren la cifra 144.000 como absolutamente sinónima de la Iglesia de Jesucristo, el haberse aferrado al año 1914 como fecha clave en marcar la última generación del mundo actual, ha tenido, sin duda, mucho que ver con que el evangelio según la propia Palabra de Dios haya sido alterado en lo que a las enseñanzas de la Sociedad *Watchtower* respecta. Como he señalado antes, pensando que el fin del mundo era inminente y puesto que el número de Testigos se estaba acercando a 144.000 allá alrededor de la década de 1930, tuvieron que estudiar cómo "encuadrar" de alguna manera a toda aquella gente que empezaría, en cuanto a cifras, a sobrepasar ese número.

Cuando en la década de 1870 los Testigos esperaban para ese entonces su recompensa celestial, aquel pequeño grupo de admiradores de Russell —y Russell mismo— no estaban preocupados en cuanto a si había o no otra clase de cristianos verdaderos, que no fueran parte de la Iglesia del Señor y que debieran ser catalogados "otras ovejas" o como siendo de la "gran muchedumbre". Ellos eran muy poquitos en aquel entonces y su preocupación estaba, más bien, en la inminencia del fin del mundo y en irse ellos pronto al cielo con el Señor. Lo mismo ocurrió en este sentido en lo que respecta al año 1914 y posteriormente en 1925. Mas bien fue algunos años después de esta última fecha cuando se exigía, por las circunstancias, un pronunciamiento oficial respecto de aquellas personas que sin lugar a dudas sobrepasaría el número de 144.000.

Si ellos hubieran finalmente estimado que la Iglesia del Señor no era literalmente sinónima de 144.000, no hubiera habido problema con que el número de Testigos hubiera ido creciendo y sobrepasado dicha cifra. Si, por otro lado, no hubiera habido la contundencia en el sentido de que 1914 marca sin duda la pauta que señala ineludiblemente a esta generación como la última, entonces hubiera cabido la posibilidad de un estudio objetivo de las Escrituras que les hubiera llevado a la tan evidente conclusión de que la Iglesia de Jesucristo la componen todos los verdaderos creyentes que por la fe han aceptado el sacrificio y la gracia y libertad que Cristo nuestro Señor nos trajo. (Juan 1:12; Romanos 8:14-17; 1 de Juan 5:1; Apocalipsis 3:21). Hasta la presente fecha no han aceptado ni lo uno ni lo otro. Por lo tanto, persisten en la proclamación a los cuatro vientos de un evangelio que va más allá de lo que contemplamos en el cánon bíblico.

Como muchos otros, yo también me pregunto: ¿Qué harán finalmente? La fecha 1914 se quedó demasiado atrás, y el término "esta generación" en relación con tal fecha está dejando de tener sentido completamente. Por otro lado, no pocos hemos salido de sus filas al ver con claridad que se nos había "robado" el derecho actual de la paternidad divina como consecuencia de la fe verdadera en el sacrificio expiatorio del Verbo encarnado. Dios lo sabe. El tiempo lo dirá. Nosotros permanezcamos fieles a aquel que nos amó y en evidencia de que ciertamente somos "hijos de Dios".

Capítulo Siete

"Señor ¿A quién iremos?"
(Juan 6:68)

En aquel tiempo, muchos de los que habían seguido a Jesús por un tiempo le abandonaron. Habían tropezado en él mismo. Ahora volvieron a una mera convivencia con hombres pecadores como ellos mismos, a sus sistemas particulares y a las enseñanzas y tradiciones rabínicas o no rabínicas, pero al fin de cuentas, simplemente de seres humanos imperfectos.

Pero aquellos sistemas compuestos de hombres imperfectos con todo su conjunto de tradición y enseñanza particular ¿a dónde podían llevar en lo que a salvación se refiere? ¿Había de veras algún poder salvífico en siquiera alguna de todas aquellas organizaciones religiosas o de cualquier otro signo social? Además, ¿establece la Palabra de Dios que, en lo que a seres humanos imperfectos y pecadores respecta, haya existido o exista alguna organización que, aparte del Hijo de Dios mismo, tengan poder salvítico con algún ente humano de manera que la salvación signifique a) creer en Cristo y b) pertenecer a dicho ente?

Cuando aquellas personas se ofendieron porque la enseñanza de Jesús no había llegado a sus corazones endurecidos; ¡qué apropiada fue la respuesta del apóstol Pedro a la pregunta de su Señor: "¿Queréis acaso iros también vosotros?" Muy apropiadamente él añadió: "Señor, ¿a quién iremos? Tú tienes palabras de vida eterna. Y nosotros hemos creído y conocemos que tú eres el Cristo, el Hijo del Dios viviente" (Juan 6:67-69). Así el apóstol Pedro, en compañía de los demás apóstoles, no empezó a dar rodeos diciendo más o menos 'Bueno volveremos a una vida normal, seguiremos yendo al Templo y a la Sinagoga regularmente y, por supuesto, procuraremos cumplir lo mejor posible la ley de Dios'. No. El dio perfectamente en el blanco al decir: "Tú tienes palabras de vida eterna", y: "Nosotros hemos creído y conocemos que tú eres el Cristo". Con fe verdadera creyeron que Jesús era ese pan de vida descendido del cielo (6:33), que ese pan de vida se comía por medio de creer en él —por la fe— (6:35), y que de igual manera era por fe que comían de su carne y bebían de su sangre (6:53-55), que iban a ser entregadas por la vida del mundo.

Personas confusas hoy

No pocas personas necesitan definirse hoy, en cuanto a fe, tal como el apóstol Pedro y otros lo hicieron en su día. Hay quienes, tras haber pertenecido a un sistema religioso lánguido, pasivo y donde se permiten tantas y tantas cosas, han sentido un verdadero vacío interior que les ha llevado también a la pregunta '¿A quién o adónde ir?' Pero en muchos casos lo malo ha sido que en su búsqueda particular han salido de un sistema humano para caer en otro sistema también humano, si bien más activo, que promete esto y aquello a quienes tal hagan.

Debido a sus transfondos anteriores, tales personas parecen estar mentalizadas al hecho de que si no pertenecían a otra estructura u organización difícilmente podrían ser salvas. Creen que la salvación es cuestión de dar con la organización, por fin apropiada, donde lo que se haga sí va a redundar finalmente en la salvación de uno. En pocas palabras, tales personas —aunque de un modo inconsciente— aún creen que la salvación está en unos hombres "divinamente organizados" y en las propias obras que uno mismo haga.

Pero al ir buscando ese modelo de organizaciones se han ido, inevitablemente, encontrando con cosas y más cosas que las han llenado aun, si cabe, de mayor confusión. Al principio todo parecía estupendo en tal organización que parecía ser "buena". Hubo en los primeros meses o años un particular ánimo de hacer muchas cosas delante de Dios y de los hombres porque 'Verá, yo quiero salvarme a toda costa'. Pero, real y tristemente, ¡cuántas personas ya militantes de muchos años en dichas instituciones llevan meramente una vida de servicio de muestra, ni pudiendo ya con su alma, porque todavía hay una gran pregunta que pesa sobre sus hombros (ahora tal vez más grande que años atrás) y es esta: ¿Adónde por fin tenemos que ir?'

Alguien, por supuesto muy acertadamente, tal vez pregunte: ¿Cómo es posible que tal organización o religión con una fachada tan elegante y con todo esto y aquello que hacen no pueda suponer un lugar apropiado donde salvarse? Si no están ahí los verdaderos siervos de Dios, ¿cómo se ven personas tan sinceras y educadas?

En respuesta tenemos que decir que el plan de salvación de Dios en uno solo. Esto está con toda claridad expuesto en la Palabra de Dios. Pero también se ha de añadir que existe alguien muy interesado en desbaratar —si pudiera— los planes y propósitos de Dios. Satanás el diablo conoce cual es el plan de salvación de Dios. Una de las maneras en que lucha en contra de dicho plan es tratando de confundir a la gente. Es como si él quisiera poner algo "alternativo" al propio arreglo de Dios a fin de confundir y desviar a tanta gente como sea posible. En palabras de las Sagradas Escrituras es esto: "Pero si nuestro evangelio esta aún encubierto, entre los que se pierden está encubierto; en los cuales el dios de este siglo cegó el entendimiento de los incrédulos, para que no les resplandezca la luz del evangelio de la gloria de Cristo, el cual es la imagen de Dios" (2 Corintios 4:3-4).

De modo que nunca olvidemos esto. Satanás trata de poner delante de la gente cosas bonitas que relumbran mucho (en la apariencia) para que de cualquier modo no resplandezca la luz del evangelio que es la gloria, el poder y la dignidad de Cristo. Y es así que, como niños en su ignorancia que prefieran una bola de cristal a un diamante o gema preciosa, muchos, guiados simplemente por las apariencias, se han dejado extraviar por los hombres, dejando a la vez a un lado la joya de verdadero valor, lo único que en verdad les lleva al Padre y a esa deseada salvación. Tal vez olvidaron la advertencia divina: "No confiéis ... en hijo de hombre, porque no hay en él salvación" (Salmo 146:3). Además, no haya ninguna necesidad de ello porque, como está escrito : "Lámpara es a mis pies tu palabra" (Salmo 119:105).

¿Qué hacer entonces?

Por supuesto, el estudio de la Palabra de Dios tiene su parte importante en lo que tiene que ver con el plan de Dios para salvación. Pero también se ha de decir que, en sí mismo, el leer y releer las Escrituras no supone lo que se necesita para obtener la salvación. Por ejemplo, Jesucristo observó esta contradicción en la vida de muchas personas de su día: ellos escudriñaban la Palabra de Dios con la mira de conseguir vida eterna; pero, al mismo tiempo rechazaban al Salvador mismo, quien estaba entre ellos porque el debido tiempo había llegado. De manera que les dijo: "Escudriñad las Escrituras; porque a vosotros os parece que en ellas tenéis la vida eterna; y ellas son las que dan testimonio de mí; y no queréis venir a mí para que tengáis vida" (Juan 5:39-40).

Obviamente, el mero estudio ritual de la Palabra de Dios no llevaba, ni lleva, muy lejos. Si centráramos mucho nuestra atención en que "si no se entiende bien toda la Biblia no nos salvamos"; entonces será obvio que se tendrá que ir buscando meticulosamente por todas partes a ver que organización "da más" en este sentido. También se tendría que concluir, en consecuencia, que personas que tuvieran muchísimos datos bíblicos en la cabeza, sí, "mucho conocimiento", estarían como más cerca o más seguros de la salvación que otros que tuvieran menos.

De hecho, esa es la impresión que da la lectura de Juan 17:3 según vierte el pasaje la Traducción del Nuevo Mundo de los Testigos.

Dicha traducción vierte deficientemente el pasaje como sigue: "Esto significa vida eterna: el que estén adquiriendo conocimiento de ti, el único Dios verdadero, y de aquel a quien tú enviaste, Jesucristo". Sí, la impresión que tal traducción da es la de que hay que tener mucho conocimiento mental si queremos salvarnos. Así que, invito al lector a cotejar dicho pasaje con otras versiones de la Biblia. Va a observar, por mucho, que la expresión vertida de los textos originales es mas bien en el sentido de que la vida eterna es: "que te conozcan". Este "conocer" implica más bien el reconocimiento pleno y sincero de lo que Dios es y supone para nosotros. Pero es más. Este "conocer" o reconocer de lo que Dios es en relación con nosotros y nosotros con Dios, no depende necesariamente de mucha erudición o conocimiento por sí mismo.

Tal vez nos ayude a entender mejor este asunto una maravillosa experiencia que Jesús mismo tuvo con el apóstol Pedro. El relato de ello esta en Mateo capítulo 16. A la pregunta de Jesús (v. 13) "¿Quién dicen los hombres que es el Hijo del Hombre?" Recordemos que el apóstol Pedro respondió y dijo (v. 16) "Tú eres el Cristo, el Hijo de Dios". Pues bien, ¿fue aquel reconocimiento el fruto de mucha erudición bíblica por parte de Pedro? De ninguna manera. Aquel hombre que posteriormente fue tildado por personas muy ilustradas de ser persona "sin letras y del vulgo" (Hechos 4:13), no era en el momento en que dio tan acertada respuesta alguien precisamente muy culto en las Sagradas Escrituras. Pero como Jesús mismo dijo (v.17): "No te lo reveló carne ni sangre, sino mi Padre que está en los cielos".

¿Qué vemos entonces? Que muchos que tenían mucho conocimiento respecto de las Escrituras no tuvieran esa maravillosa *revelación* especial de Dios. Sin embargo, otros que eran bastante menos eruditos de la Palabra sí recibieron dicha revelación del Padre. No van a bastar, pues, estudio ritual de la Biblia 'a fin de salvarse'. Tampoco ese conocimiento —aunque de la Biblia— que "envanece" (1 Corintios 8:1).

¿Estamos concluyendo con todo esto que el estudio de la Palabra de Dios no es de veras importante? ¡De ninguna manera! Pero sí estamos diciendo que se requiere, además, una actitud de corazón apropiada y una motivación correcta. Será entonces que podremos ver en las Escrituras la verdadera condición del hombre perdido y pecador; será entonces que se efectuará en nosotros un sincero y genuino arrepentimiento de nuestros pecados y situación, viendo con claridad y con ansias la necesidad imperante de la obra expiatoria de Cristo a nuestro favor; será entonces que clamaremos por ayuda desde lo más hondo de nuestro corazón, de nuestro ser. El resultado será que Dios se revelará a nuestras vidas "testimoniando" a nuestros corazones que nos reconoce como hijos suyos. (Ver Mateo 18:3; Romanos 3:22-23; Hechos 3:19; 1 Juan 1:7; Romanos 8:14-15). Tal proceso, centrado en el rescate de Cristo, es la vida eterna.

Entonces, ¿a quién hay que ir? La respuesta que la Biblia da es: ¡A Cristo! Pero, ¿no tiene que haber una organización meritoria implicada en el proceso de ir a El y obtener salvación? No. Aparte de Cristo nadie tiene mérito en este sentido. Luego entonces la respuesta sencilla de Jesús a esta cuestión es: "Nadie viene al Padre sino por mí" (Juan 14:6). También, al respecto, en Hechos 4:12 se nos dice: "Y en ningún otro hay salvación; porque no hay otro nombre bajo el cielo, dado a los hombres, en que podamos ser salvos". La aceptación plena, de fe, de dicha realidad es lo que significa la salvación. Así lo dice una vez más la Escritura: "Cree en el Señor Jesucristo, y serás salvo" (Hechos 16:31).

La importancia de congregarse en el nombre de Jesús

Todos aquellos que por la fe han aceptado a Jesucristo como Señor, que son guiados por el Espíritu Santo, han llegado a ser también hijos de Dios. Ahora han llegado a formar parte de la familia universal de El. Como tales, sienten un deseo natural dentro de ellos. De juntarse, reunirse con otros hermanos en la fe a fin de juntos regocijarse en lo que ha ocurrido en sus vidas, dar testimonio de su fe, seguir estudiando la bendita Palabra de Dios, orar juntos, alabar a Dios con cánticos desde el corazón así como para exhortarse y estimularse unos a otros al amor y a las buenas obras (Hebreos 10:23-25).

La importancia del congregarse se manifiesta en otro hecho importantísimo también. Fue el mismo Señor Jesucristo quien dijo: "Porque donde están dos o tres congregados en mi nombre, allí estoy yo en medio de ellos" (Mateo 18:20). ¿Quién no desearía estar, naturalmente, en un lugar donde Jesucristo mismo va a estar presente y a fin de gozar de su divina presencia? Además, no expresó el mismo el ferviente deseo de que todos "sean uno"? Es indudable que la unidad de los auténticos miembros de una familia se manifieste en un genuino deseo de reunirse. Personas reunidas así, en el nombre de su Señor, constituyen como Iglesia local parte de la Iglesia de Cristo, manifestando así unión espiritual con todo el Cuerpo y con Cristo Jesús como Cabeza.

Naturalmente, en la Iglesia de Jesucristo no todos los miembros son iguales ni tienen exactamente las mismas peculiaridades. En el campo de lo físico muy pocas estructuras mecánicas útiles podrían existir si los objetos que nos rodean estuvieran formados de piezas iguales de idénticas dimensiones. A fin de que haya verdadera utilidad y propósito, el Cuerpo de Cristo —Su Iglesia— está necesariamente compuesta de individuos con diferentes dones y peculiaridades. Así que, a pesar de haber sido bautizados en un mismo Espíritu y en un mismo Cuerpo, todos deben constituir miembros que se necesitan unos a otros pese a las diferencias en cuanto a dones, personalidad y las faltas que se pueda observar en otros por causa de ese cuerpo imperfecto que aún arrastramos. De modo que necesitamos a nuestros hermanos y hermanas en Cristo, sí, necesitamos reunirnos con ellos en el nombre de Jesús, pese a que seamos bastante diferentes ellos.

Lo que parece ser un dilema

Acabamos de considerar la importancia de que el hombre pecador vaya a Cristo para obtener perdón y salvación. También la importancia que tiene el que nos reunamos (iglesia local) en el nombre del Señor al objeto de alabar a Dios y edificarnos mutuamente de diversas maneras. Sin embargo, para personas que vienen de ambientes religiosos muy particulares puede ser bastante difícil, en principio, integrarse a una determinada iglesia local. ¿Consideran o podrían considerar demasiado "exaltado" el desarrollo de los cultos en determinada iglesia? ¿Notan demasiada "solemnidad" y hasta frialdad en aquella otra? ¿Podría ser que no se estuviera muy de acuerdo con el demasiado énfasis que se da a determinados puntos escatológicos, en señalada diferencia con criterios que existen en otras iglesias? ¿Tiene dificultades en entender que aquella congregación no le dé a penas importancia a el llevar a otros el plan de salvación de Dios ("comí yo, comió el mundo")? Estas y otras muchas cuestiones dificultan seriamente una verdadera integración de personas ya conversas, de antecedentes religiosos difíciles, a tal vez la iglesia local que existe en el lugar donde ellas aceptaron a Jesús y se convirtieron.

Como menciono al contar mi experiencia personal al principio de este libro, por buenas razones yo no me integré de cuerpo presente a la iglesia, en el sentido geográfico, tan pronto me convertí a Cristo. Yo me convertí varios años antes de llegar a ser parte de una iglesia local. Para mí, la diversidad de formas y maneras entre las diferentes iglesias evangélicas, daba bastante en qué pensar y atisbar. Así que efectué por varios años estudios teológicos sin la ayuda de ningún centro especializado en la materia (salvo el material literario que para tales fines escogí). Luego, lo que yo estudié en unos tres años no se lo podría presionar a mi esposa en unos pocos días. Pasaron varios meses. Mucha oración, estudio profundo de la Palabra y el resumen de lo que yo en años previos había analizado le ayudaron a ella enormemente a aceptar a otros hermanos en la fe a pesar de sus muchas idiosincrasias. Actualmente varias personas estudian con Tere y conmigo la Palabra de Dios y ya han reconocido al Señor Jesús como su Salvador. Pero, en algunos casos, con ciertas personas aún estamos en el proceso —a veces lento— de preparación para la asimilación plena y aceptación de los demás miembros del Cuerpo de Cristo. Por supuesto, algunos ya se han bautizado (Mateo 28:19-20) y están integrados en diferentes iglesias locales. ¡Vaya a Dios toda la gloria por ello!

En este sentido se expresa el hermano David A. Reed en su folleto *¿A quién podemos ir?* El fue un Testigo activo por trece años, ocho de los cuales sirvió en el puesto de "anciano" en la organización. El cuenta que la lectura independiente de la Biblia lo llevó a ver que la Sociedad *Watchtower* está equivocada en proclamarse a sí misma como el "conducto de comunicación" de Dios. Desde hace años es convertido (también su esposa) y está ayudando a muchas personas a conocer la realidad de la salvación. Pero dice que su dilema por cierto tiempo fue ¿a dónde ir? ¿Quién está en lo correcto? Por lo tanto, muy apropiadamente en su folleto aconseja: "Pídale al Señor que lo guíe a la hermandad en la que Él quiere que usted esté. Él le contestará su oración. Por supuesto, él quizás lo ponga en una congregación local, parecida a la de Corinto, en la que no se usaban bien los dones del Espíritu y no se celebraba correctamente la Cena del Señor (1 Corintios 14:23; 11:20). O, tal vez lo envíe a una iglesia como la de Pérgamo, en la que entre algunos miembros prevalecían algunas prácticas corruptas y enseñanzas falsas (Apocalipsis 3:1). O, puede que usted se encuentre en una congregación como la de Sardis que tenía 'reputación de estar vivo', pero en realidad estaba 'muerto' (Apocalipsis 3:1, NVI). Tales experiencias pudieran ayudarle a incrementar y profundizar su relación personal con Jesús como su Señor.

"Todos deberíamos admitir, como lo hizo el apóstol Pablo, que 'nuestros conocimientos de Dios son ahora muy limitados, como si apenas alcanzáramos a ver su figura en un espejo defectuoso y de mala calidad; pero en aquel día lo veré con la misma claridad con que él me ve el corazón' (1 Corintios 13:12; La Biblia al día). Así, aunque el 'conocimiento exacto' de cada detalle todavía no está disponible, es el privilegio del cristiano 'conocer' a Dios por medio de una relación personal e íntima con Jesucristo."

De manera que Jesús dijo: "Yo soy el camino, y la verdad, y la vida"; que nadie confunda los hechos y trate de encontrar en hombres lo que sólo Cristo da. Pero, al mismo tiempo, tampoco subestimemos el valor del siguiente mandato bíblico: "No dejando de congregarnos, como algunos tienen por costumbre" (Hebreos 10:25). No se piense nunca que como hay hombres imperfectos por todas partes no podemos encontrar el lugar idóneo en donde congregarnos en armonía con la admonición bíblica. El

Evangelio de Cristo es llamado, ciertamente, un tesoro, porque supone e implica verdades preciosas y ricas bendiciones. Gracia, misericordia, redención, santificación y justificación, todo ello tiene que ver con el evangelio. Pero, como la misma Palabra de Dios dice, "tenemos este tesoro en vasos de barro, para que la excelencia del poder sea de Dios, y no de nosotros" (2 Corintios 4:7). Esta declaración nos ayuda a ver que nuestra atención no debe estar centrada en las "vasijas de barro" (hombres y mujeres en debilidad e imperfección aún) sino en ese tesoro que se desea compartir y que gira en torno del Salvador Cristo el Señor.

El día viene en que Cristo juzgará todas las cosas. Quienes aún no han venido a él harán suyo el mayor tesoro al aceptar estas palabras de invitación del Hijo de Dios: "Venid a mí todos los que estáis trabajados y cargados, y yo os haré descansar". Quienes hayamos aceptado ciertamente a Cristo como nuestro Salvador sigamos, como vasijas de barro, proclamando tan magno tesoro, mientras reposamos en la hermosa confianza que la siguiente declaración nos da: "¿Quién nos separará del amor de Cristo?... ni la muerte, ni la vida, ni ángeles, ni principados, ni potestades, ni lo presente, ni lo porvenir, ni lo alto, ni lo profundo, ni ninguna otra cosa creada nos podrá separar del amor de Dios, que es en Cristo Jesús Señor nuestro". (Mateo 11;28: Romano 8:35-39). Preciosa garantía, porque (Juan 8:36) "Si el Hijo os libertare, seréis verdaderamente libres. ¡PRECIOSA LIBERTAD!